나는
매일
서점에
간다

만능 크리에이터의 서점 활용법

나는 매일 서점에 간다

시마 고이치로 지음 ㅣ 김정미 옮김

Kyra

차례 ||||||||||||||||||||||||||||||||||||||||||||||||||||||||||||||||||||

추천하는 글 최인아(최인아책방 대표) 009
들어가는 글 012

제1장 왜 서점에 가야 할까?

매일 서점에 가는 이유 019 | 서가는 서점마다 다르다 021 | 서점은 원조 편집숍 023 | 서점은 가우디의 건축이다 025 | 서점을 둘러보는 다섯 가지 방법 027 | 좋은 서점의 조건 029 | 문턱이 높지 않은 서점 031 | 책이 잘 팔리는 서점은 무엇이 다를까? 033 | 서점마다 개성이 있다 035 | 좋은 서점은 좋은 고객이 만든다 037 | 매대에는 문맥이 있다 039 | 서점은 세계로 이어지는 장소 042 | 책장 사이를 여행하듯이 043

제2장 우리는 정말로 '자신의 욕망'을 알고 있을까?

우리는 자기가 원하는 것을 알지 못한다 051 | 좋은 서점은 욕망을 언어화한다 054 | 서점과 디지털 광고의 공통점 057 | 서점에서 5분 머무는 행위로 만나는 정보량 059 | 흥미의 체계도가 보인다 060 | 쓸데없는 정보가 중요하다 063 | 학문은 무엇에 도움이 되는가? 064 | 서점은 쓸데없는 것을 만나러 가는 장소 069 | 책은 읽기 전까지는 도움이 되는지 알 수 없다 070

제3장 읽지 않더라도 책을 사라

책과의 만남은 일기일회─期─會 079 | 책은 읽지 않아도 괜찮다 081 | 책에는 '꽝'도 있다 084 | 어떻게 책을 선택하는가 086 | 고다르식 독서법 088 | 독서 초보자에게 추천하는 병독법 091 | 책에 마음껏 메모하기 094 | 책에 포스트잇을 붙이는 이유 097 | 집은 작은 아이디어 저장고 100 | 책은 버리지 마라! 102 | 책장의 효용 104 | 정보는 책장에서 화학 작용을 일으킨다 106 | 좋은 책장에는 별자리가 있다 108

제4장 창조적 발상을 이끌어 내는 독서 사고법

새로운 아이디어는 어떻게 탄생하는가? 115 | 필요한 것은 창조적 도약이다 117 | 역발상과 순열 조합 119 | 정보를 조합하는 관점 122 | 서점에서 의외성을 연습한다 125 | 좋은 기획이란 욕망에 부응하는 것이다 126 | 욕망은 어떻게 발견할까? 128 | 매대는 욕망의 거울 129 | 이분자異分子를 모으자 132 | 샛길로 빠지는 사고 134 | 독서는 여행이다 136 | 안다는 것에는 두 종류가 있다 138 | 검색과 독서로 발견한 것의 차이 140 | 어떻게 정보를 우연히 만날 수 있을까? 142 | 지식의 세계를 넓히는 방법 145

제5장 새로운 서점의 형태를 제안하다

왜 B&B를 만들었는가? 153 | 동네 서점을 고집하다 155 | 목표는 서점의 새로운 롤모델 158

대담 B&B가 목표하는 것

B&B를 열기까지 167 | 시모기타자와를 선택한 이유 171 | 가구도 파는 서점 173 | 신규 진입이 힘든 업계 176 | 책장에 대한 고집 178 | 맥주와 이벤트 183 | 독서 인구가 급격히 감소하는 현실 191

부록 한 번은 꼭 가 보고 싶은 서점
시마 고이치로 & 우치누마 신타로 199

추천하는 글

우리나라 서점 주인들이 많이 찾는 일본의 서점 중에 B&B~Book & Beer~가 있다. 맥주를 마시면서 책을 읽을 수 있는 서점인데 책 좋아하는 독자들은 여기서 느긋한 시간을 보내며 스트레스도 풀고 마음도 달랬을 거다. 일본에서 좋은 반응을 얻은 이 아이디어는 한국에도 전해져 비슷한 콘셉트의 서점들을 낳았다.

　이 책의 저자가 바로 B&B의 창업자 중 한 사람, 시마 고이치로다. B&B는 사람들의 욕망을 읽은 기획의 승리였는데 과연 그는 서점을 열기 전 20년간 하쿠호도라는 광고 회사에서 기획자로 일했다. 기획의 달인이었던 거다.

시마 고이치로는 2012년부터 B&B의 주인으로 살면서 경험하고 생각한 것을 이 책 『나는 매일 서점에 간다』에 적었다. 나는 이 책이 반가웠다. 똑같이 광고쟁이 출신이라서가 아니라 '디지털 시대에 왜 동네 서점을 찾아야 하는가?'라는 질문! 이 질문에 그는 나와 정확히 같은 생각을 제시한다. 서점에 가면 아이디어가 떠오른다는 것!

흔히 창조적 생각의 출발로 친하지 않은 사람들 간의 느슨한 만남을 꼽는다. 우연성의 발견 혹은 만남을 꼽기도 한다. 책방이 정확히 그런 곳이다. 서점에 진열된 책 사이를 유영하듯 다니다 보면 이 책과 저 책이 연결되며 새로운 생각이 떠오르고 기왕의 내 생각에 진열된 책의 아이디어가 더해져 새로운 아이디어가 올라온다.

이쯤에서 아이디어가 떠오른다는 말을 가만히 생각해 본다. 도대체 아이디어가 어디에서 떠오른다는 것일까? 당연히 내 안에서 떠오른다. 내 안에 있던 생각의 씨앗이 책들과의 우연한 만남을 통해 아이디어로 나오는 거다. 그러니 책방은 아이디어의 보고寶庫일 수밖에.

이외에도 저자는 책을 어떻게 사고 어떻게 읽어야 할지 등 책과 관련된 거의 모든 것을 친절하게 알려 주는데 그는 이 모두를 근사한 표현 하나로 종합한다. 서점에 가는 것은 '쓸데없는 것을 만나는 행복'이라고. 그러고 보니 이 디지털 시대에 동네 서점을 순례하는 사람들은 진작에 이것을 알고 있었던 걸까.

서점 순례 얘기가 나온 김에 하나만 덧붙이자. 김영하 작가가 그랬다. 책은 읽으려고 사는 게 아니라 산 책 중에 읽는 거라고. 그러니 이제부터 서점에 가거든 읽지만 말고 한 권쯤 사서 나오면 어떨까.

최인아

최인아책방 대표, 카피라이터,
크리에이티브 디렉터, 전 제일기획 부사장

들어가는 글

20년 이상 광고 업계에서 일하는 동안 기획 아이디어를 어디에서 얻느냐는 질문을 자주 받았다. 기획이나 아이디어가 필요한 곳이 비단 광고 업계뿐일까. 인터넷으로 다양한 정보를 손쉽게 얻을 수 있는 시대일수록 필요한 것은 많은 지식을 갖춘 사람이 아니라 새로운 생각을 해낼 수 있는 사람이다.

새로운 발상을 위해서는 당연히 먼저 목적에 맞춰 정보를 조사하고 모아야 하지만, 의외로 생활에서 우연히 접한 예상 밖의 정보가 도움이 되는 경우도 많다. 일상에서 꼭 필요하지는 않아도 예상하거나 계획하지 않은 정보를 많이 접할 수 있는 곳이라면 단연 '서점'을 가장 먼저 꼽을 수 있다. 따라서 이 책에서 나는 좋은 기획이나 아이디어를 떠올리고 싶다면 일단 서점에 가자고 주장하려 한다. 나의 경험을 바탕으로 서점을 둘러보거나 책을 선택하고 읽는 과정이 어떻게 발상으로 이어지는지를 이야기해 보려 한다.

'서점은 사고 싶은 책이 있을 때만 가는 곳'이라거나 '일단 구입한 책은 모두 읽어야 해'라고 생각하는 사람이 많다. 하지만 실은 그렇지 않다. 나는 매일 서점에 가서 책을 구입한다. 서점에 가는 것 자체가 소중한 정보 수집 시간이며 전부 읽지 못하더라도 '책을 산다'는 행위 자체가 무엇보다도 중요하다고 생각한다.

B&B는 2012년에 나와 북 코디네이터 우치누마 신타로內沼晋太郎 씨가 함께 도쿄의 시모기타자와에 문을 연 서점이다. 처음 시작할 때부터 왜 하필 지금 서점을 하느냐는 질문을 줄곧 받았다.

검색하면 인터넷 서점, 전자책 등이 수없이 나오는 시대다. 종이책의 판매가 어렵다는 것은 누구나 알고 있고, 나 역시 구글이나 아마존은 물론 전자책도 종종 이용한다. 그렇다고 해서 종이책이 필요 없어진 것은 아니다.

서점을 시작한 이유를 말하자면, 나 스스로 서점을 무척 좋아한다는 점도 있지만 무엇보다 '동네 서점이 없어져서는 안 된다'는 믿음 때문이다. 옷을 사러 갔다 무심코 들른 서점에서 상대성 이론에 대한 책을 마주하게 되거나 업무에 필요한 책을 찾다가 나도 모르게 분재 키우기 책을 사기도 한다. 이처럼 예상 밖의 만남이 숨어 있는 것, 이것이 바로 서점의 가장 큰 매력이다. 따라서 언제든 부담 없이 들를 수 있는 동네 서점은 없어서는 안 될 소중한 장소다.

우리 서점 B&B에서는 맥주나 가구도 팔고 매일 이벤트를 실시하는 등 끊임없이 새로운 시도를 하고 있다. 시행착오를 거듭하면서도 앞으로 동네 서점이 어떻게 적응하고 살아남아야 할지를 찾아가는 중이다.

　이 책에서는 한 사람의 독자이자 잡지의 편집자, 그리고 서점의 프로듀서로서 지금까지의 경험으로 깨달은 책과 서점 활용법을 소개하고자 한다. 책을 읽는 모든 분이 자기에게 맞는 사용법을 찾게 된다면 더할 나위 없이 기쁠 것이다.

　　　　　　　　　　　　　시마 고이치로

제1장

왜 서점에
가야 할까?

매일 서점에 가는 이유

나는 매일 서점에 간다. 평상시 행동반경에 있는 서점 뿐 아니라 일부러 멀리 있는 서점에도 가고 출장길에는 가능한 그 지역의 서점을 들어가 본다. 서점에 가면 살 생각이 없던 책을 뜻하지 않게 여러 권 사는 일이 종종 있다. 이런 말을 하면 많은 이들이 놀랍다는 반응을 보인다. "그렇게 매일 몇 권씩 책을 읽어요?", "인터넷 서점에서 사는 게 편하지 않아요?", "바쁜데 용케 시간이 났군요" 등의 대답이 돌아온다.

하지만 책을 샀다고 해서 전부 읽어야 하는 것은 아니다. 무엇보다도 서점에 가는 자체에 매우 큰 의미가 있다. 왜 서점에 가는 것이 중요할까?

찾는 책이 정해져 있을 때는 인터넷 서점이 상당히 편리하다. 하지만 막연하게 뭔가 재미 있는 것이나 새로운 것을 찾을 때는 인터넷 서점보다는 실제 서점, 즉 동네 서점이 유용하다. 서점에 가면 예상치 못한 정보를 만날 수 있기 때문이다. 이런 점에서 인터넷 서점과 차이가 있다. '예상 밖의 정보가 왜 필요하지? 원하는 정보만 얻으면 되잖아'라고 생각할 수도 있다. 하지만 전혀 생각지 못한 정보가 실은 자신이 찾던 것이었다거나 의외의 도움을 주는 경우가 많다. 이에 대해서는 제2장에서 자세하게 이야기할 것이다.

광고 기획을 하는 나는 직업상 늘 새로운 아이디어를 찾는다. 좋은 아이디어를 떠올리기 위해서는 스스로 머리를 짜내는 것뿐 아니라 가능한 많은 정보를 모을 필요가 있다. 정보를 모으는 방법에는 여러 가지가 있다.

주로 신문, 텔레비전, 도서, 잡지, 인터넷을 이용하며 다른 사람과 대화하거나 거리를 걸을 때에도 좋은 정보를 얻을 수 있다. 그 중에서 내가 가장 추천하는 것은 '서점'이다. 결과적으로는 책을 읽는 것이지만 서점에 가는 행위도 그만큼 의미가 있다. 서점은 일상에서 새로운 정보와의 만남을 최대한 늘릴 수 있는 장소다. 많은 정보가 서로 연결되어 완전히 새로운 것으로 변하는 화학 작용이 일어날 수 있다.

이 이야기를 하기에 앞서 내 나름대로 확립한 서점 활용법을 설명하겠다. 서점에서 봐야 할 곳과 자신에게 맞는 서점을 찾는 법을 소개하고자 한다.

서가는 서점마다 다르다

서점에 자주 가지 않는 사람은 왜 그렇게 여러 서점에 가야 하는지 이해하지 못할 것이다. 집이나 회사 근처에 있는 서점과 대형 서점에 가는 것으로 충분하다고 생각한다. 그리고 서점의 서가는 단순히 분야별 또는 출판사별로 구분해 가나다 순으로 책을 정리해 놓은 것이라 여긴다. 이는 큰 착각이다. 서점마다 서가는 전부 다르며 같은 서점이라도 매일 변화한다.

책이 진열된 순서는 서점에 따라 차이가 있다. 자신이 좋아하는 책이 어디에 놓여 있는지를 찾아 보면 쉽게 알 수 있다. 예를 들어 오가와 요코小川洋子의 소설 『박사가 사랑한 수식』이 어디에 진열되어 있는지 살펴보면, 일반적으로는 요시모토 바나나よしもとばなな나 가쿠다 미쓰요角田光代 같은 일본 여성 작가 분야에 놓여 있다. 아니면 '서점 대상(2004년부터 시작된 일본의 문학상으로 다른 문학상과는 다르게 서점 직원들의 투표로 후보작 및 수상작이 선정된다_옮긴이)' 코너가 있어 역대 수상작과 함께 진열되기도 한다.

하지만 개성 있는 서점에서는 주인공이 괴짜 과학자라는 점에 착안해서 리처드 파인만Richard Feynman이나 아인슈타인 같은 과학자나 세계를 방랑한 수학자 에르

되시 팔Erdős Pál에 관한 책과 함께 진열하기도 한다. 또는 야구 선수 에나츠의 등번호(28번)가 키워드가 되는 이야기라는 점에서 그의 소속 구단인 한신 타이거즈와 관련된 도서를 옆에 진열하는 독특한 서점이 있을지도 모른다. '어떤 책이 어디에 놓여 있는가'로부터 그 서점이 어떤 방식으로 책장을 진열하는지, 즉 서점의 생각을 알 수 있다. 단 하나의 가장 좋은 진열 방법이 있다는 게 아니다. 이는 취향의 문제다. 내게 맞는 서점을 찾으면 되고 그날의 기분에 따라 다른 여러 곳을 이용해도 좋다.

서점은 원조 편집숍

말하자면 서점은 원조 편집숍(여러 브랜드를 한 매장에서 판매하는 유통 형태_옮긴이)이다. 편집숍이라면 잡화나 의류를 떠올리기 쉬운데 서점은 편집숍이 유행하기 이전부터 쭉 그런 형태였다.

책은 어느 서점에서 구입해도 모두 같지만 진열 방법에 따라 전혀 다르게 보일 수 있다. 그래서 서점은 제각각의 표정을 지니고 있는 것이다. 식물과 마찬가지로 관심을 두지 않으면 모두 똑같아 보이나 조금만 주의 깊게 바라보면 전혀 다른 얼굴을 보여 준다. 서점의 숫자만큼 정보를 접할 수 있는 방법은 다양하며 여러 서점을 둘러보다 보면 서로 다른 모습이 보인다. 개성이 넘치는 서점 가운데서 자신에게 맞는 곳을 발견하고 보다 편하고 재미 있게 정보를 얻을 수 있다면 더욱 즐겁지 않을까?

서점은 고객과 책이 만나는 장소를 디자인한다. 그 만남의 연출 방법에 서점만의 개성이 담긴다. 예를 들어 서점이 독자적으로 POP 광고(매장에서 고객에게 전달하고자 하는 내용을 보여 주기 위한 광고 형식_옮긴이)를 만들어 적극적으로 홍보하는 것도 하나의 방법이다.

예전에 오사카에 있는 이색 서점 빌리지 뱅가드Village Vanguard를 방문한 적이 있다. 당시 앤디 워홀의 두꺼운 사진집에 '무겁지만 쌉니다'라는 홍보 문구를 붙여 놓은 것을 보며 '과연, 이렇게도 소개하는구나'라며 감탄했었다. 언젠가는 '멸종위기종'이라는 문구에 눈길을 빼앗겨 살펴보니 1960~80년대 건달을 다룬 책이었다. 관심을 끈다는 측면에서 매우 효과적인 작전이다.

반대로 거의 광고를 하지 않고 책의 진열 방법만으로 공감하게 만드는 서점도 있다. 소비자는 이처럼 서점마다 다른 개성을 최대한 활용하는 게 이득이다.

서점은 가우디의 건축이다

매일 변화하는 서가를 보여 주는 서점으로 진보초에 있는 도쿄도 쇼텐東京堂書店을 들 수 있다. 진보초는 오래된 서점이 모여 있어 책을 좋아하는 사람들이 즐겨 찾는 곳이다. 그런 거리에 있는 서점은 당연히 판매도 좋다. 따라서 도쿄도 쇼텐의 매대에 놓이는 책은 굉장히 빠르게 바뀌는 편이다. 매일 가서 그 변화만 확인해도 재미

있다. '오늘은 어떤 책이 놓여 있을까' 하는 즐거운 기대감이 부풀어오르기 때문이다.

이렇게 어지러울 정도로 재빠르게 변화하는 서점은 특별한 경우라 할지라도 대부분의 서점 매대는 적게나마 매일 책이 빠지고 새로운 책이 보충된다. 그러므로 어제와 같은 서점은 두 번 다시 볼 수 없다. 서점은 매일 현재 시점에서 최고의 서가를 만들려는 작업을 끝없이 계속하고 있다. 그것은 마치 가우디Antoni Gaudi의 건축과 비슷하다. 가우디가 설계한 바르셀로나의 사그라다 파밀리아 성당은 1882년에 착공한 이래 지금도 공사가 계속되며 시시각각 변화하고 있다. 더구나 아직도 언제 완공될지 예측조차 힘들어서 영원히 끝나지 않는 것은 아닐까 싶은 기분마저 든다.

한편 서점의 매대는 책 몇 권을 교체하는 것만으로 이미지가 확 바뀐다. 책장의 진열 방법을 바꾸면 그 서점의 인상이 변하는 것은 당연하지만 늘 책장의 진열을 신경 써서 조정하는 것은 쉬운 일이 아니다. 하지만 책이 몇 권 팔리고 그 자리에 다른 책을 채워 넣는 것만으로 재고가 크게 움직이지 않았음에도 서점의 이미지를 바꿀 수 있다.

매일 같은 서점이라도 책이 조금씩 바뀌면서 드러난 새로운 매력이나 관심사에 눈길이 머무를 수도 있다. 이것이 서점을 즐기는 방법이다.

서점을 둘러보는 다섯 가지 방법

서점을 둘러보는 특별한 방법이 있을까? 내 경험을 바탕으로 서점을 방문할 때 알아 두면 좋을 것을 다섯 가지로 정리했다.

1) 서점에 가는 데 목적은 필요 없다
뭔가를 찾기 위해 서점에 간다는 식의 특별한 목적은 필요 없다. 단 5분이라도 시간이 나면 서점에 가는 것이다. 누군가를 만날 때 약속 장소를 서점으로 해도 좋다.

혹시 상대가 늦어도 기다리는 시간을 가치 있는 정보 수집의 기회로 삼을 수 있다. 살 생각이 없었는데 사 버릴 정도로 마음에 드는 책을 만난다면 그야말로 최고의 선물이다.

2) 자신이 가지고 있는 책을 찾아본다

서점에 가서 무엇을 봐야 할지 모를 때는 자신이 좋아하는 책이 어디에 놓여 있는지 찾아보는 것도 재미있다. 그 책 주변에 함께 놓인 책을 보면 서점의 개성이나 어떤 분야가 강하지를 일목요연하게 알 수 있다. 가능하면 서점 한 바퀴를 전부 둘러보는 것을 추천한다.

3) 평소에 찾지 않는 코너에 가 본다

평소에 관심을 가지지 않던 코너에서 의외의 발견을 하기도 한다. 문과 계열의 사람이라면 이과 관련 서적 분야에 가 보는 것이다. 원예를 잘 알지 못해도 막상 가 보면 이끼의 꽃말이 적혀 있는 책에 빠져들지 모른다.

4) 계산대 옆 매대를 주의해서 본다

계산대 옆은 의외로 스쳐 지나가기 쉬운 장소지만 가장 추천하는 도서나 덤으로 구매하길 바라는 것을 놓아두기 때문에 서점 직원의 개성이 가장 돋보이는 부분이다. 언젠가 들른 아사가야의 쇼겐書原이라는 서점의 계산대에는 송사리를 키우는 법에 대한 책이 놓여 있었는데 나도 모르게 끌린 기억이 있다.

5) 망설여진다면 사라

제3장에서 더 상세히 말하겠지만 가장 중요한 부분이다. 망설여진다면 무조건 사야 한다! 만남의 씨앗을 없애 버리지 않는 것이 무엇보다 중요하기 때문이다.

좋은 서점의 조건

실제로 어떤 서점에 가야 좋을까? 이것은 사람에 따라 다를 수밖에 없다. 가장 좋은 서점을 찾기보다 자신에게 맞는 서점을 고르는 것이 중요하다. 예상 밖의 만남을 연출해 주는 방법이 자극적인지 아니면 자연스러운지를 살펴보고 내게 맞는 곳을 선택하는 것이다.

소설이나 그림의 취향처럼 좋고 싫고가 명확하지는 않더라도 좋은 서점의 요소는 몇 가지로 정리할 수 있다. 좋은 서점의 가장 중요한 조건은 지역 주민이 많이 이용하는가 하는 것이다. 쇼핑을 하는 사람이나 관광객이 모이는 서점도 괜찮지만 역시 그 지역의 고객에게 사랑받지 않으면 계속해 나갈 수 없다.

교토에 있는 게이분샤惠文社 이치조지 지점(이하 게이분샤)은 그런 서점이다. 게이분샤의 호리베 아쓰시堀部篤史 점장은 30대의 젊은이로 굉장히 전략적으로 서점을 운영하고 있었다. B&B를 시작할 때 그에게서 많은 도움을 받았다(현재 그는 직접 세이코샤라는 서점을 운영하고 있다_옮긴이).

게이분샤는 무엇보다도 책장과 매대를 구성하는 데 있어서 일본 제일이라 해도 과언이 아니다. 게이분샤의 매대는 예상 밖의 정보를 만나게 하는 장치가 덫과 같이 치밀하게 짜여 있다. 예를 들면 1820년대 독일 사진가가 독서하는 사람들을 찍은 작품을 모은 꽤 비싼 사진집이 있었다. 다른 서점에서는 아예 그런 책은 가져다 놓지 않을 뿐더러 있다 해도 사진집 코너에 놓아둘 것이다. 게이분샤는 그 사진집을 책이나 서점에 관한 책이 있는 코너에 끼워 넣었다. 예술 코너에 좀처럼 가지 않는 사람이라도 그 사진집을 만날 수 있게 해준 것이다. 이런 의외의 만남을 즐길 수 있는 장치가 곳곳에 숨어 있는 게이분샤의 아이디어는 언제나 감탄을 자아낸다.

문턱이 높지 않은 서점

게이분샤는 새로운 만남의 기회를 곳곳에 숨겨 두면서도 매장 전체가 절대 한쪽 취향에 치우치지 않도록 유의한다. 특별한 한 사람에게 책장과 매대 진열을 맡기지 않는 이유이기도 하다.

　호리베 점장은 편중된 취향을 가진 사람이 책을 진열하면 서점의 문턱이 높아진다고 강조한다. 고객의 시선에서 보면 장벽이 있는 서가가 된다는 것이다. 그러므로 게이분샤는 진열 담당을 정하지 않고 여러 사람이 돌아 가며 책을 진열하도록 하고 있다. 나 역시 서점 B&B의 책장 진열에 이 방법을 사용하고 있다. 같은 책장을 여러 직원이 함께 담당한다. 그래야 다양한 시점이 들어가 여러 사람의 시선을 끌 수 있는 책장을 만들 수 있다.

　게이분샤의 매대에는 매번 특정 주제를 갖고 꾸며진 장소가 있다. 주제는 무척 다양해서 식물이 주제가 되기도 하고 시간이 주제가 되기도 하는 등 갈 때마다 바뀐다. 시간이 주제라면 물리학이나 철학 같이 평소 읽지 않는 분야의 책을 놓아 두는가 하면 그 중심에는 반드시 모두 알고 있는 책을 배치한다. 미하엘 엔데의『모모』나 스탠리 큐브릭이 영화화해서 더욱 유명한 앤서니 버지스의 소설 『시계태엽 오렌지』처럼 많은 사람이 알고 있는 문턱이 낮은 책부터 시작하는 것이다. 정말 영리한 방법이다. 그러므로 다양한 책을 소개하면서도 독자의 심리적 방어를 낮출 수 있다. 책의 미로 속으로 들어가는 입구를 능숙하게 만들어 내고 있다.

책이 잘 팔리는 서점은 무엇이 다를까?

서점의 매대는 까다롭다. 너무 주제를 한정 짓거나 아름답게 꾸미려 하면 도리어 역효과를 가져온다. 책이 전혀 팔리지 않는 것이다. 바꿔 말하면 매대에 고객의 흥미나 호기심을 자극하는 책이 진열되어 있지 않다는 의미다. 책을 진열한 사람이 관심 있는 책만 가득한 것은 서점이 아니라 자기 집 책장을 꾸미는 것과 같다. 반대로 책이 잘 팔리는 서점의 매대는 숨겨진 잠재 능력을 꽃 피워 줄 수 있는 책 또는 다양한 시점을 아우르는 책으로 구성되어 있다.

솔직히 말해 책을 좋아하는 사람이 운영하는 서점은 고상한 척을 한다고 해야 할까 '아는 사람만 알아봐 주면 된다'라는 분위기가 느껴지는 경우가 있다. 하지만 서점도 고객을 상대하는 사업이므로 불친절하게 느껴져서는 안 된다. 그런 식으로 계속 생존할 수 있는 서점은 많지 않다.

노련한 아나운서가 뉴스를 알기 쉽게 오목조목 설명하듯이 문턱은 낮지만 최첨단 인문과학이나 자연과학까지 도달할 수 있는 길을 제대로 열어 주는 것이 서점의 역할이라고 생각한다. 문화나 패션 등 특정 분야의 책만 파는 서점을 만드는 것은 의외로 쉽다. 하지만 일반 서점은 타겟이 정해져 있지 않고 여러 사람의 다양한 니즈에 응해야 한다. 관심사가 서로 다른 대중을 자극하고 새로운 것을 발견하도록 도와줘야 하기 때문에 훨씬 어렵다.

게이분샤는 이런 서점의 역할을 훌륭히 수행하고 있는 곳이다. 점점 책을 읽지 않는 사회가 되어 간다는 우려의 목소리가 높아지고 있지만, 새로운 발상의 장소로서 서점에 방문하는 흐름을 잘 만들어 가면 더 많은 사람이 책을 읽게 될 가능성이 있다.

그럼에도 왜 다양한 매대 구성을 시도하는 서점이 많지 않은 걸까? 매장 정리와 재고 관리 측면에서 보면 분야나 저자별로 분류해 진열하는 것이 편하기 마련이다. 나도 서점을 운영하면서 통감한 부분이다. 어떤 책의 재고가 얼마나 남았는지, 어디에 있는지 정확히 알 수 없는 진열 방식은 부담스럽다. 그만큼 수고를 마다하지 않고 다양한 시점을 제공하려는 서점의 존재는 책을 사는 사람에게 있어서 소중할 수밖에 없다.

서점마다 개성이 있다

같은 서점도 책을 진열하는 방법에 따라 매일 변화한다고 했는데, 그것을 가장 잘 구현하는 서점은 도쿄 센다기에 있는 오라이도 쇼텐往来堂書店이다.

이 서점은 들어가는 입구의 매대를 이벤트 공간으로 활용하고 있다. '오늘은 ○○의 날'이라는 주제를 정해 매일 매대의 구성을 바꾼다. '역도산力道山이 태어난 날'이라면 유도 선수 기무라 마사히코木村政彦와 역도산에 대한 책, 역도산이 살해 당한 아카사카의 나이트 클럽에서 일했던 지배인의 회고록, 또는 일본 프로레슬링 협회 이사를 역임한 정치인 오노 반보쿠大野伴睦의 책 등을 놓아둔다. 그때 그 장소에 가지 않으면 만날 수 없는 책들이다. '마요네즈의 날'에는 마요네즈를 주제로 한 요리책을 배치하기도 한다.

마요네즈 요리책을 찾거나 들춰 보는 사람은 많지 않다. 잘 팔리지도 않고 큰 관심을 받지 못하던 책이 어느날 매대 한가운데에 진열되는 것이다. 마치 이름도 얼굴도 몰랐던 아이돌 가수가 갑자기 경연 프로그램에서 우승한 것 같은 위화감과 놀라움을 준다.

이렇게 접할 기회가 없는 책과 의도치 않게 만날 수 있다는 것만으로도 서점은 가 볼만하다. 아니면 무료

잡지가 잔뜩 구비되어 있다든가 매장에서 키우는 동물을 보고 싶다든가 하는 엉뚱한 이유도 좋다. 거북이를 키우는 교토의 가케 쇼보ガケ書房에는 가끔 거북이를 보러 오는 고객도 있었다.

서점에 가는 이유는 무엇이라도 좋다. 어떤 이유에서든 서점에 가서 그곳만의 개성을 즐기며 이용할 수 있게 되기를 바랄 뿐이다.

좋은 서점은 좋은 고객이 만든다

좋은 서점의 핵심 조건은 무엇일까? 바로 '좋은 고객'이다. 좋은 서점에는 좋은 고객이 찾아오고 좋은 고객에게 판매할 좋은 책이 준비된다. 선순환이 반복되는 것이다. 마치 서점과 고객이 책장을 통해 대화를 하는 느낌으로 재즈의 즉흥 연주나 합기도를 떠올리게 한다.

앞서 소개한 도쿄도 쇼텐이 바로 그런 서점이다. 좋은 고객이 계속 책을 사가고 서점도 고객의 요구와 기대를 충족시키고자 정성껏 책을 보충해 나간다. 고객과 서점이 서로 영향을 주고받는 가운데 매일 책장은 유기적으로 변화한다. 요요기우에하라에 있는 고후쿠 쇼보幸福書房도 고객의 특성이 잘 드러나는 서점이다(고후쿠 쇼보는 2018년을 기해 40년 역사를 마무리하며 폐점했다_옮긴이). 계산대 옆에 요리책이 놓여 있거나 매장 안쪽에 인문학 학술 도서가 놓이는 등 의외의 책이 신기하게 잘 팔린다. 아마 작가나 저널리스트 고객이 많은 게 아닐까 추측해 볼 수 있다. 특히 고후쿠 쇼보는 화려한 광고판으로 고객의 눈길을 끌려 하지는 않는다. 다만 팔고 싶은 책은 매대에 두 권씩 나란히 놓아둔다. 이것을 나는 '두 권 꽂기'라 부른다. 더구나 두 권 꽂아둔 책은 지렁이나 자동판매기의 역사 등 엉뚱한 주제일 경우가 많다. 도대체 누구를 위한 것인지, 무엇에 도움이 되는지 도무지 알 수 없지만 나도 모르게 집어 들게 된다.

한편, 아사가야의 쇼겐도 책을 좋아하는 사람들이 자주 들르는 서점으로 알려져 있다. 그곳의 매대는 복잡

하고 무질서하다. 매장에 들어서면 정글에서 길을 잃은 느낌이 들지만 이상하게도 마음이 놓인다. 몇 해 전 빅카메라(일본의 대형 카메라 전문점_옮긴이)와 유니클로가 공동으로 신주쿠에 빅쿠로ビックロ라는 매장을 오픈했는데 캐치프레이즈가 '멋있는 복잡함'이었다. 쇼겐도 마찬가지다. 문학을 좋아하는 사람부터 논픽션 독자까지 폭넓은 층을 매료시키는 이유를 잘 알 수 있다(쇼겐은 2017년 2월에 50년의 역사를 마무리하며 폐점했다_옮긴이).

그러므로 주위에 재미있는 책을 읽는 사람이 있다면 그가 어느 서점을 주로 이용하는지 물어보는 것도 추천할 만한 방법이다.

매대에는 문맥이 있다

서점의 매대를 보는 것이 무척 재미있다고 아무리 강조해도 거의 서점에 가지 않거나 가더라도 찾는 책만 사가지고 오는 이들은 공감하기 힘들 것이다. 서점의 매대는 기본적으로 주제, 출판사, 저자로 구분된다. 하지만 좋은 서점은 '문맥이 있는 매대'를 구성하곤 한다.

문맥이 있는 매대란 책을 단순히 어떤 규칙적인 순서에 맞추어 진열하는 것이 아니라 책의 주제, 내용 등을 유연하게 연결시켜 배치하는 매대를 의미한다. 예를 들면 기독교 관련 책 옆에 수도원에서 제조된 와인을 다룬 책을 놓고, 그 옆에 치즈에 관한 책, 발효 식품에서 이어지는 주제로 세균이 캐릭터로 등장하는 만화를 연결해 가는 것이다. 이것이 문맥이 있는 매대의 기본이다.

때로는 좀 더 확장시켜 물리학자 데라다 도라히코寺田寅彦의 에세이 옆에 나쓰메 소세키夏目漱石의 소설을 진열할 수도 있다. 나쓰메 소세키가 영어 선생님으로 근무했을 때 데라다 도라히코가 그의 제자였다는 점에서 착안한 연결 고리이다. 그러한 사실을 알지 못했더라도 나쓰메 소세키의 소설을 찾다가 그 매대를 본다면 데라다 도라히코라는 이름을 발견하고 호기심이 생길 것이다. 이를 계기로 물리학에 관심을 가지게 될지도 모른다.

한 권의 책이 새로운 다른 세계의 문을 열어 주는 것이 문맥이 있는 매대의 가장 큰 장점이다. 치밀하게 구성된 매대를 따라가다 보면 굉장히 만족스러운 기분이 든다. 내 앞에 새로운 길이 생겨나는 쾌감에 가까운 즐거움을 만끽할 수 있다.

인터넷 서점에서 어떤 책을 구입하면 비슷한 장르의 책을 추천해 준다. '이 책을 읽은 사람은 이런 책도 읽고 있습니다'라는 추천 메일도 보낸다. 이것은 편리한 동시에 알 수 없는 반발심을 불러일으킨다. 아마도 같은 저자, 같은 주제, 같은 독자층이라는 틀에 끼워진 듯한 기분이 들기 때문이리라.

문맥이 있는 매대에는 그런 강압적인 추천이 없다. 대신 가려운 곳을 긁어 주는 효자손처럼 관심이 가는 것을 용케 찾아 주는 기능을 한다. 저자나 주제에 따라 단순하게 구획을 짓는 게 아니라 자연스럽게 연결하면서 적당히 점프해가는 감각은 다른 곳에서는 경험하기

어렵다. 결국 서점의 개성은 문맥을 만드는 법으로 결
정된다. 그러므로 같은 사람이라도 어떤 서점을 방문하
는지에 따라서 전혀 다른 책을 사게 되기도 한다.

서점은 세계로 이어지는 장소

서점은 시간과 공간을 초월해서 우리와 세계를 연결해
준다. 대형 서점은 물론 작은 서점이라도 전문 서점이
아니라면 가능한 많은 분야의 책을 구비해 놓는다. 구
석기 시대 토기부터 최첨단 우주과학, 스포츠, 요리까
지 서점에는 인류와 관련된 모든 것이 있다고 해도 과
언이 아니다.

　그런 공간을 걷는 것은 바로 세계를 만나는 행위이기
도 하다. 지금 컴퓨터 분야에서는 MIT의 이시이 히로
시石井裕 교수가 연구하는 텐저블tangible(실감형 콘텐츠를
의미하며 정보통신기술ICT을 기반으로 인간의 오감을 극대화
하여 실제와 유사한 경험을 제공하는 차세대 콘텐츠_옮긴이)

이라는 개념이 주목 받고 있다. 마찬가지로 서점은 이 넓은 세계 전체를 텐저블하게 경험할 수 있는 장소인 것이다.

다시 말해 책장은 하나의 세계다. 여러 서점에 갈수록 그 숫자만큼 다양한 '세계'에 콘센트를 꽂듯이 연결될 수 있다. 인터넷에도 방대한 정보가 있다. 하지만 그 정보 전체를 짧은 시간에 훑어보는 것은 불가능하다. 때문에 검색 엔진을 활용한다. 서점은 정보의 총량으로는 인터넷에 못 미치지만 전체를 짧은 시간에 훑어볼 수는 있다. 이것은 매우 물리적이며 인간적인 경험이다.

책장 사이를 여행하듯이

그러므로 서점의 책장과 매대를 둘러보는 것은 세계를 여행하는 것과 닮았다. 여기저기 돌아다니다가 우연히 발견한 책을 사기도 한다. 그 공간을 연출한 서점 직원의 계획에 나도 모르게 빠져들어 조종당했다고 할 수 있지만 단시간에 이처럼 지적 사고 회로를 움직이게 만드는 장소는 없다. 가끔은 조종당하는 것도 즐겁다.

좋은 서점의 매대는 경계가 없이 부드럽게 이어져 있다. 어디라도 상관 없으니 일단 들어가서 자신과 맞는 입구를 찾는 것이 중요하다. 입구만 찾으면 매대의 문맥을 따라 계속 앞으로 나아갈 수 있다. 우선 한번 읽은 책이나 알고 있는 작가 혹은 어제 텔레비전에서 본 인물이나 뭐든지 관심이 가는 분야를 찾아보는 것이다. 좋은 서점은 입구를 찾기 쉽고 다양한 변주도 준비되어 있다. 입구에서 나아가는 방법 역시 정답이 없다. 가고 싶은 대로 자신이 마음에 드는 곳으로 움직이면 길이 보인다.

입구를 찾으면 옆으로 눈길을 옮겨 가며 어떻게 연결되어 있는지 살펴본다. 흥미 없는 책이면 무리하지 말고 건너뛰며 이동하다 보면 반드시 끌리는 책을 찾을 수 있다. 그렇게 매대 사이를 점프해 가는 것은 '창조적 도약'이다. 점프하면서 염주를 꿰듯이 다양한 책을 연결하는 것이다. 그리고 그런 점프 간격이 자신에게 맞는 서점을 찾는 것이 좋다. 소설을 보고 있었는데 어느 사이엔가 천문학 책을 보고 있다거나 영어 교재를 찾던 가운데 반찬 레시피를 소개하는 요리책 코너에 가 있을지도 모른다.

마치 어떤 책 한 권을 기점으로 시작한 '여행'이라고 말할 수 있지 않을까? 문맥이 있는 매대의 장점은 바로 이것이다. 일반적인 서점은 매대에서 한 권의 책을 고르고 나면 끝이 난다. 하지만 좋은 서점은 그 한 권에서 도미노처럼 무한의 세계가 펼쳐진다.

좋은 서점은 이 여행으로 인도하는 방법이 자신의 성향과 맞는 곳이다. 그래서 나도 모르게 책을 구입하게 된다. 조종당해 책을 샀다고 손해 보는 기분이 아니라 '이것이 갖고 싶었구나' 혹은 '알고 싶었구나'라고 이득을 본 기분이 든다.

점차 서점의 수가 줄어들고는 있지만 전국 어디에나 있는 것이 서점이다. 출장 중 남는 시간에 서점에 가 보면 대개 그 지역과 관련된 책을 만날 수 있다. 짧은 순간 이나마 그곳에서만 얻을 수 있는 정보를 수집할 수 있다는 면에서 지역 특산품 가게에 들른 듯한 기분이 들기도 한다. 반드시 여러 서점을 방문하며 자신에게 맞는 서점을 찾기 바란다.

**서점에
가야하는
이유 01**

Q 왜 서점에 가야 하나요?

A 서점은 원조 편집숍입니다. 책 자체는 똑같더라도 어떻게 진열하는가에 따라서 전혀 다른 얼굴을 보여 줍니다. 서점은 고객과 책이 만나는 장소를 디자인합니다.

Q 좋은 서점은 어떤 곳인가요?

A 취향의 문제이므로 자신에게 맞는 서점을 고르는 것이 중요합니다. 다만 문턱은 낮지만 깊이 있는 지식까지 도달하는 길을 제대로 열어 주는 것이 서점의 역할입니다.

제 2 장

우리는 정말로
'자신의 욕망'을
알고 있을까?

우리는 자기가 원하는 것을 알지 못한다

요즘은 책을 구매할 때 대부분 인터넷 서점을 이용한다. 앞에서 줄곧 서점에 가서 책을 사라고 추천했지만 나도 인터넷 서점을 자주 이용한다. 말하자면 이용 목적에 따라 구분하는 것이다.

업무에 필요한 책을 찾거나 분명한 목적이 있을 때는 인터넷 검색 기능을 이용하는 것이 편리하다. 고대 이집트나 기생충에 관한 책처럼 흔치 않은 분야라도 테마를 지정해 검색하면 '이런 책도 있었나?' 싶을 정도로 많은 정보를 얻을 수 있다. 무엇보다 택배로 배송해 주므로 무거운 책을 들고 오는 수고를 덜 수 있다.

이렇듯 인터넷 서점은 나름대로 편리함이 있지만 실제 서점에 가야 하는 근본적인 이유는 따로 있다. 한마디로 정리하면 '인간은 모든 욕망을 언어화하지 못한다'는 점 때문이다. 우리는 보통 자신이 하고 싶은 일이나 갖고 싶은 것을 잘 알고 있다고 생각한다. 과연 그럴까?

인간은 미숙하다. 거침없이 원하는 대로 행동하는 것 같은 사람도 갑자기 "무엇을 하고 싶어?" 또는 "무엇을 갖고 싶어?"라고 물으면 의외로 대답하지 못한다. 다시 말해 언어화할 수 있는 사람의 욕망은 제한적이라는 것이다. 그리고 언어화할 수 있는 욕망의 비율은 생각보다 낮아 10퍼센트도 미치지 못한다. 막연히 갖고 싶다고 생각해도 정확하게 무엇을 원하는지 말할 수 없는 경우가 대부분이라는 뜻이다.

뇌과학자 중에는 인간은 원래 '욕망'이 없다고 주장하는 사람도 있다. 욕망이라는 관념은 자신이 한 행동을 정당화하기 위한 변명일 뿐이다. 아이스크림을 먹고 싶었기 때문에 아이스크림을 먹은 것이 아니다. 아이스크림을 먹은 후에 아이스크림을 먹고 싶었다고 정당화한다는 것이다.

나는 광고계에서 20년간 일하고 있는데 광고의 본질을 한마디로 표현하면 '사람의 욕망을 사로잡는 것'이다. '여름까지 꼭 살을 빼야지', '크리스마스는 연인과 함께 보내고 싶어' 등은 알기 쉬운 욕망이지만 사실 우리는 자신의 욕망을 그렇게 뚜렷하게 자각하지 못한다. 따라서 애매한 욕망을 언어화하는 것이 광고의 주요 목표다. 욕망을 언어화해야 그에 따른 상품을 개발하고 홍보를 할 수 있다.

물론 그것은 상품을 판매하려는 기업의 입장을 대변하는 것이다. 광고 회사는 클라이언트 기업에서 돈을 받아 수익을 얻기 때문이다. 하지만 다른 한편으로는 일반 소비자도 안개 같이 불투명하던 자신의 욕망이 언어로 표현됨으로써 만족감을 얻을 수 있다.

예를 들어 나이를 먹어도 아름다움을 잃지 않는 여성을 '미마녀美魔女'(재색을 겸비한 35세 이상의 여성을 가리킨다_옮긴이)라고 칭하는 말은 『美STORY』라는 잡지에서 처음 만들어져 널리 사용되고 있다. 아름다운 40대 여성이 여태까지 없었던 것이 아니며 나이가 들어도 아름다움을 유지하고 싶은 여성의 소망은 늘 존재해왔다. 하지만 그 막연한 소망에 '미마녀'라는 이름이 생기자 처음으로 모두 '그래, 나도 그렇게 되고 싶었어'라는 마음을 깨닫게 된 것이다. 욕망은 언어화됨으로써 명확해지고 그제서야 비로소 충족시킬 수 있는 대상이 된다.

좋은 서점은 욕망을 언어화한다

좋은 서점은 간단히 말하면 구입 예정이 없던 책을 사게 하는 곳이다. 아무 생각 없이 들어가 별로 흥미도 없던 우주 관련 책을 사거나 어디에 있는지도 잘 모르는 아일랜드 문학을 사기도 한다. '자신도 깨닫지 못했지만 읽고 싶었던 책'이라고 할 수 있다. 서점에서 그 책을 보고 처음으로 욕망을 자각한 것이다.

마찬가지로 어떤 기획을 생각할 때 혼자 고민하거나 장시간 회의를 하기보다 편히 술을 한잔 하는 동안 아이디어가 떠오르는 경우가 많다. 주위 사람의 반응이나 분위기에 자극을 받아 언어화되지 못했던 부분이 드러나기 때문이다. 여담이지만 우리가 만든 서점 B&B에서는 책과 함께 맥주를 판매하는데 맥주와 서점이 잘 어울리는 이유도 잠재된 욕망을 언어화시킨다는 공통점에서 기인한지 모른다.

<u>욕망의 언어화, 즉 욕망의 발견이라는 기능은 서점의 최대 강점이며 직접 방문할 수 있는 실제 서점이 필요한 이유다.</u> 사람이 자신의 욕망을 모두 언어화할 수 있다면 인터넷 서점이나 구글 같은 검색 사이트로 충분하다. 그러나 언어화할 수 없는 것은 검색도 할 수 없다.

여러 번 말했지만 어느 것이 좋은가의 문제가 아니라 서로의 강점과 역할이 다른 것이다. 게다가 알지 못했

던 욕망을 발견해 주는 장소가 더 흥미로운 곳이지 않을까? 계속 찾던 책을 인터넷 중고 서점에서 찾았을 때도 행복하지만 그와는 질적으로 다른 기쁨이 있다. '내가 이런 데도 흥미가 있었구나'하고 느낄 수 있는 장소에서는 커다란 지적 자극을 맛볼 수 있다. 서점은 바로 일상에서 그런 경험을 할 수 있는 장소다.

정리하면, 욕망에는 언어화된 영역과 언어화되지 않은 영역이 있다. 언어화된 욕망은 이미 무엇을 바라고 있는지 알고 있으므로 스스로 찾을 수 있다. 그러나 언어화되지 않은 욕망은 누군가가 일깨워주지 않으면 알 수가 없다. 인터넷 서점의 장점이 갖고 싶은 것을 쉽고 빠르게 찾을 수 있는 데 있다면 실제 서점의 강점은 원하는 것을 깨닫는 기회를 준다는 것이다.

훗날 인터넷 검색 기술이 발달해서 우리의 언어화되지 않은 욕망까지 찾아 주는 날이 올지도 모르지만 적어도 현시점에서는 그렇지 못하다. 서점은 매우 효율적으로 욕망을 발견할 수 있는 장소다.

서점과 디지털 광고의 공통점

예전에 인도에서 '디지털 광고 만드는 법'이라는 주제로 강연을 한 직이 있다. 신문, 잡지, 텔레비전 같은 전통적인 광고와 인터넷을 포함한 새로운 디지털 광고의 차이점을 다루었다.

광고란 한마디로 '메시지 전달'이라고 말할 수 있다. 전통적인 광고는 대부분 클라이언트 기업이 전하고 싶은 것을 중심으로 직접 표현하는 방식이다. 반면 인터넷 광고는 유저인 고객이 스스로 '아, 이것을 말하고 싶구나' 하고 깨닫게 해준다. 네덜란드의 암스테르담 국제공항 남자 화장실의 소변기에는 파리 그림이 그려져 있다. '변기 주변을 더럽히지 마시오'라고 직접 쓰는 대신 자연스럽게 파리를 표적으로 용변을 보도록 유도하는 것이다.

디지털 테크놀로지의 발달로 광고는 인터넷 사용자에게 체험을 제공할 수 있게 되었다. 즉 사용자가 직접

SNS(소셜 네트워크 서비스)에 참여하거나 유튜브로 영상을 보거나 게임을 하도록 한다. 암스테르담 국제공항의 예처럼 사용자가 체험을 하는 주인공이 되도록 해주는 형식이다. 인터넷 상의 커뮤니케이션에서 체험형 광고가 주목받는 이유다. 남이 만든 메시지를 그냥 보는 것보다 스스로 발견한 것이 인상에 남는 것이다.

예를 들면 한 라면 회사에서 과거에 있다가 없어진 컵라면의 맛 중에서 어떤 것을 부활시키면 좋을지를 온라인 투표로 정하는 기획을 한 적이 있다. 놀랍게도 모두 자신이 부활시키고 싶은 맛을 자발적으로 트위터나 페이스북에 올렸다. 당초 이런 상황을 예측한 것은 아니지만 사용자가 주체적으로 참여 의식을 갖게 하는 장치의 아주 좋은 사례다.

왜 이렇게 광고 이야기를 늘어놓느냐면 고객이 주인 의식을 가지고 즐기기 바라는 최신 커뮤니케이션의 사고법과 문맥이 있는 매대를 훌륭하게 구성한 서점은 상당히 닮아 있기 때문이다. 좋은 문맥이 있는 매대란 고객에게 어떤 책을 사도록 강요하는 느낌이 아니라 자발적으로 구입하게 만드는 감각이다. 구입을 유도한다는 점에서는 다를 게 없을지 모른다. 하지만 스스로 발견하는 기쁨을 얻을 수 있다는 의미에서 좋은 서점은 새로운 커뮤니케이션의 통로이다.

서점에서 5분 머무는 행위로 만나는 정보량

서점에 가면 단 5분만에 얻을 수 있는 정보량이 어마어마하다는 사실을 알 수 있다. 책 표지에는 그 책의 구매를 유도하는 다양한 정보가 적혀 있다. 제목, 저자명, 띠지의 홍보 문구를 포함하여 책 속에 어떤 내용이 들어 있는지 한눈에 알 수 있도록 짜여 있다.

치밀하게 구성된 매대는 샤워기처럼 대량의 정보를 쏟아 내는 정보 발신 장치다. 정보의 형태로 보면 서점의 매대는 상당히 효율이 좋다. 서점의 수만큼 변형이 가능하기 때문이다.

대기업이 밀집해 있는 도쿄 마루노우치의 서점 마루젠丸善은 1층에 들어서자마자 비즈니스맨에게 필요한 정보를 한눈에 볼 수 있도록 진열한다. 시부야의 아오야마 북센터는 지역 특성상 크리에이터를 겨냥해 디자인이나 예술 관련 책을 주로 배치해 두었다. 더구나 매대에는 현재 잘 팔리는 책과 그 서점이 팔고 싶은 책이 공존하므로 현재의 흐름과 앞으로 다가올 유행을 미리 알 수 있다.

흥미의 체계도가 보인다

서점의 또 하나의 중요한 역할은 자신의 흥미 분야가 세계라는 거대한 체계 속 어디에 위치하는지를 알려 준다는 것이다. 인터넷에서는 자신이 검색한 바로 그 책 또는 검색 키워드와 연관된 후보 정도만 볼 수 있다. 관심이 가는 키워드나 책이 세계에서 어떤 위치를 차지하는가를 판단하기는 어렵다. 인터넷에서 모르는 단어를 검색하면 위키피디아 정도만 보고 '아, 이런 뜻이구나' 하고 끝내 버리기 쉽다. 키워드 관련 링크를 보면 얼마간의 정보를 얻을 수는 있지만 그 단어가 어느 정도 중요한 의미를 지니는지, 어떻게 활용되는지는 알 수 없다.

그러나 서점에 가면 일단 그 책이 어느 코너에 있는지, 그리고 책장의 어디에 위치하는지에 따라 전체 지식 체계 속에서의 위치를 가늠할 수 있다. 서브컬처 전문 서점에서 매장 한가운데에 놓이는 책이 일반 서점에서는 서브컬처 코너에 놓인다. 또 진열 방법을 보면 서브컬처 중에서도 주류인지 비주류인지 알 수 있다.

말하자면 인터넷은 확대경을 가지고 숲속에서 한 그루의 나무를 찾는 것과 같다. 나무만 보고 숲을 보지 못할 위험은 있지만 나무를 찾기는 쉽다. 반면 서점은 숲 전체를 바라보는 지도와 같다. 찾는 책이 세계의 어디에 속해 있는지 상대적 위치를 파악할 수 있다.

필요한 정보를 가능한 수고를 들이지 않고 얻을 수 있는 능력은 물론 중요하다. 하지만 그것이 이 세상 어디쯤 위치하는지 확인해야 할 때도 있다. 인터넷에만 의존하여 생활하면 자신이 알고 있는 정보가 전부라고 생각해 버릴 위험이 있다. 여러 정보를 더욱 꼼꼼히 모으면 되지 않겠냐고 반박할 수도 있다. 하지만 인터넷은 확증 편향(자기 신념과 일치하는 정보는 받아들이고 일치하지 않는 정보는 무시하는 경향_옮긴이)이 크므로 자신이 보고 싶은 대로 보게 만드는 증거를 어디서든 발견할 수 있다.

두부에 대해 조사한다고 생각해 보자. 연두부와 모두부를 비교하려 할 때 인터넷을 검색하면 쉽게 두 가지의 차이점을 찾을 수 있다. 한쪽에 치우치지 않고 두 가지 두부의 정보를 공평하게 비교할 수 있다면 문제가 없다. 하지만 기본적으로 지식이 없는 분야를 검색할 때 편중 없이 비교하기란 좀처럼 쉽지 않다. 결국 자기 상황에 맞는 정보만 보고 그것이 전부라고 믿게 된다.

최근 논란이 되고 있는 원자력발전소에 대한 논쟁도 마찬가지다. 옳고 그름을 판단하지 않더라도 화력발전에 사용하는 천연가스나 셰일가스 문제, 지구 온난화, 경제 성장 등과 관련된 이슈만으로도 끝이 없다. 그 모든 지식을 똑같이 알고 비교하기는 어렵다.

서점의 좋은 점은 단편적인 정보뿐 아니라 전체를 한눈에 볼 수 있다는 것이다. 찾는 정보가 어디에 있는지와 함께 어느 정도 편집된 형태의 정보를 얻을 수 있다. 또한 내가 찾는 정보의 위치를 알면 거기서부터 이웃 분야로 관심을 넓히는 것도 가능하다. 이러한 방식으로 지식의 체계를 잡아 나갈 수 있다.

쓸데없는 정보가 중요하다

특정 기획을 조사하며 관련 도서를 찾는 경우에는 나역시 인터넷 서점을 이용한다. 찾으려는 것이 정해져 있다면 압도적으로 편리하기 때문이다. 실제 서점의 장점을 아무리 강조해도 당해 낼 수 없는 부분이다.

하지만 그 이전 단계, 즉 뭔가 좋은 아이디어를 떠올

려야 하는 상태에서는 자신도 무엇을 찾아야 할지 알 수 없다. 그럴 때는 아이디어로 연결할 수 있는 서랍을 많이 갖고 있을수록 좋다. 여기서 '서랍'은 평소에 도움이 될 만한 정보를 모으고 정리해 두는 것을 뜻한다. 원할 때 언제든지 끄집어 낼 수 있는 비즈니스 노하우를 은유적으로 표현한 것이다.

그런데 사실 좋은 기획은 바로 이 도움이 되지 않는다고 여기던 '쓸데없는 정보'의 서랍에서 나온다. 검색으로 바로 답을 찾는 능력도 중요하지만 여러 가지 주변 정보 사이에서 쓸데없는 것을 분별해 나가는 사고 과정이나 사고 훈련을 통해 우리를 풍요롭게 하는 발상이 탄생할 수 있다. 이는 제4장에서 더욱 자세하게 설명하겠다.

학문은 무엇에 도움이 되는가?

노벨상을 받거나 세기의 발견이라는 과학 기사를 보면

솔직히 문외한은 거의 알지 못하는 내용이 많다. 신문 기자가 아무리 알기 쉽게 전달하려고 애써도 이해하기 어렵다.

대단한 과학적 발견을 발표하는 기자회견에서는 반드시 "이것은 무엇에 도움이 되나요?"라는 질문이 나온다. 나도 어떤 잡지에서 기획한 특집 대담을 할 때 같은 질문을 한 적이 있다. 일부 학자는 당혹감을 감추지 못하기도 했는데 연구자도 자신의 연구가 도움이 될지 어떨지 알지 못하기 때문이다.

지금 행해지는 연구의 대부분은 즉시 무언가에 도움이 되는 것은 아니다. 하지만 그중에는 20년이나 30년 후 세상을 바꿀 수 있는 영향력을 가진 경우도 있다.

19세기 영국의 과학자 마이클 패러데이Michael Faraday는 전자기 유도, 즉 전기와 자기가 밀접하게 관계한다는 사실을 발견했다. 이 성과는 훗날 전자파의 발견의 기반이 되었고 무선 통신이나 오늘날의 방송 전파 등의 개발로 이어졌다. 당시 영국을 대표하는 정치가 윌리엄

글래드스턴William Ewart Gladstone은 패러데이에게 "전기가 어떤 실용적인 가치가 있죠?"라고 질문했다. 패러데이는 "무엇에 도움이 될지는 모르나 그것에 세금을 매기게 되겠죠"라고 재치 있게 대답했다는 일화가 전해진다.

또 신슈 대학信州大学에서 쥐며느리를 연구하는 모리야마 도루森山徹 교수를 취재한 적이 있다. 그는 과거 5년간 2만 마리에 달하는 쥐며느리를 연구한 결과 '쥐며느리에게도 마음이 있다'는 사실을 발견했다. 예를 들어 쥐며느리는 오른쪽으로 꺾은 뒤엔 왼쪽으로 꺾고 그 다음은 다시 오른쪽으로 가는, 지그재그로 움직이는 성향이 있다. 그런데 드물게 계속 같은 방향으로 움직이는 개체가 있다. 즉 본능을 누르고 자기 의지대로 움직이는 쥐며느리가 있다는 것이다.

게다가 쥐며느리를 물에 둘러 싸인 섬과 같은 곳에 두면 21마리 중에서 3마리 정도의 확률로 돌연 헤엄을 치기 시작한다. 일반적으로 쥐며느리는 물에 들어가면 수십 분만에 질식하는데도 말이다. 다시 말해 극한 상황에 놓인 쥐며느리는 본능이 아닌 '숨겨진 부위'를 움직였다고 가정할 수 있다. 즉 마음이 있다는 의미다.

이런 이야기를 들어도 실생활에 직접적으로 도움이 되지는 않는다. 하지만 처음 쥐며느리 이야기를 들었을 때 나는 마음속 깊이 흥미를 느꼈다. 아프리카에서 탄생해 베링 해협을 지나 아메리카 대륙으로 건너간 인류의 대이동과도 닮았다고 생각했다. 뉴질랜드에 살던 마오리족의 조상은 타히티섬에서 바다를 건너온 폴리네시아인이다. 수평선 너머에 육지가 있는지 없는지도 모르는 상황에서 바다를 건너기로 결단을 내린 인간과 죽음을 무릅쓰고 헤엄치는 쥐며느리 사이 어딘가에 연결 고리가 있을지 모른다.

모리야마 교수에게는 죄송하지만 쥐며느리에 대한 지식은 실생활에는 쓸데없을 수 있다. 하지만 그 이야기를 통해 새로운 지적 모험을 즐기는 기회를 얻을 수 있다. 거기에는 어떤 지식이 도움이 되느냐 마느냐 하는 논쟁을 넘어선 가치가 있다.

학자들은 직접적인 도움이 되는가의 여부보다는 기본적으로 관심이 가는 분야에 집중하여 좋아하는 것을 연구한다. 무엇보다 새로운 사실을 발견하고 그것을 증명하고 싶은 것이다. 물리학자라면 세상의 모든 것이 어떤 물질로 구성되어 있고 그들이 어떤 관계를 갖는가를 하나의 커다란 이론 체계로 설명하려 한다. 하지만 명왕성에 대해 알고 있다고 해도 생활에 도움이 되지는 않는다. 어떻게 우주가 생겨났는지 알아도 우리의 실제 삶은 그다지 변하지 않을 것이다. 하지만 그런 지식을 알고 있다는 것만으로 대단한 일이다. 지적 만족감은 덤으로 얻을 수 있다.

어쩌면 우리 사회에서는 장대한 '쓸데없는 연구'가 대량으로 행해지고 있을지도 모른다. 그중 몇 가지가 인터넷이나 GPS 위성, iPS 세포(유도다능성줄기세포) 등 세상에 도움이 되는 발견으로 이어진다. 수많은 쓸데없는 연구가 있었기에 탄생할 수 있었던 것이다.

서점은 쓸데없는 것을 만나러 가는 장소

앞에서 말했듯 기획 같은 새로운 아이디어가 필요한 업무에는 이런 쓸데없는 정보가 바탕이 되어 깊이나 설득력이 생긴다. 쓸모없는 것에서 매우 본질적인 것이 나오는 경우는 제법 많다.

예를 들면 기획을 할 때 컴퓨터 앞에 앉아서 정보를 검색하는 사람이 있다. 인터넷은 새로운 정보를 찾기에 무척 편리하며 일부러 도서관에 갈 필요도 없다. 하지만 검색 결과는 누가 해도 크게 다르지 않다. 그것을 전문가의 시점으로 가공하여 기획이나 아이디어로 승화시켜야 한다. 만약 그 과정에 자신만의 독자적인 정보를 넣는다면 남다른 발상을 해낼 수 있다. 따라서 모두 같은 무기를 갖고 싸우기보다 쓸데없는 지식을 많이 알고 있는 사람이 최종적으로는 더 높은 전투 능력을 갖게 되는 것이다.

서점에 갈 때는 쓸데없는 것을 만나러 간다는 마음으

로 즐기도록 한다. '쓸데없는 것을 만나는 행복'이 서점의 본질이라 해도 좋을 정도다. 서점의 매대 앞을 얼쩡거리다 보면 방대하고 쓸데없는 지식의 세계에 떠다니는 느낌이 든다. 내가 서점을 좋아하는 것은 지식 속을 유영하는 스스로가 마음에 들기 때문일지도 모른다.

SF 소설의 거장 아이작 아시모프Isaac Asimov는 "인간은 쓸데없는 지식을 얻는 것에서 쾌감을 느끼는 유일한 동물이다"라고 말했다. 쓸데없는 일을 하는 것은 인간의 특권이다. 비즈니스나 인간관계에서도 해답을 곧장 찾기보다 샛길로 빠져서 여러 가지를 맛보며 가는 편이 즐겁다. '우회의 권유'라고도 할 수 있다. 쓸데없는 정보나 우회를 즐길 장소를 제공한다는 사실만으로도 서점은 더 높이 평가받을 만하다.

책은 읽기 전까지는 도움이 되는지 알 수 없다

"세상에 쓸데없는 것은 없다"고 하면 무슨 철학적 사상처럼 느껴지고 "도움되지 않는 것이 즐겁다"고 하면 허황된 감상에 빠진 것처럼 보인다. 하지만 쓸데없는 것이 있는 편이 생활을 풍요롭게 하고 지적 풍요로움이 재미를 만든다. 그런 의미에서 쓸데없는 것은 쓸데없지 않다.

세상은 점점 바쁘게 돌아가며 인터넷으로 원하는 것을 바로바로 얻을 수 있는 시대이므로 필요한지 아닌지 알 수 없는 것을 소홀히 여기는 경향이 있다. 기본적으로 책은 읽기 전까지는 도움이 될지 말지 알 수 없는 이상한 물건이다. 제목이나 저자로 어느 정도는 예측할 수 있지만 막상 읽어 보면 예상과 전혀 다르거나 이미 알고 있는 정보일 수도 있다.

아쉽게도 최근 출판사들은 '지금 바로 활용할 수 있는 정보가 들어 있다'는 책을 주로 펴낸다. 독자가 그런 책을 원하기 때문일지 모른다. 어느 쪽이 먼저냐 따질 필요는 없다. 다만 세상이 너무 즉각적 효과를 바라는 병에 걸린 것은 아닐까 생각한다. 연봉 1억 원 달성하기 또는 주식 투자로 성공하기 같은 효과를 강조하는 책이 넘쳐 나지만 이러한 종류의 정보는 극히 일부 지식에 불과하다. 정말 그렇게 도움이 되는 정보라면 모두 연봉 1억 원을 받아야 하지 않겠는가.

도움을 주는 정보만 의미 있으며 책에는 그러한 정보가 들어 있어야 한다는 사고 방식을 가진 사람이 많다. 그런데 반드시 그렇지는 않다. 이 사실을 깨닫는 것이 중요하다. 발해의 미술을 살펴보는 책이나 빗살무늬 토기 만드는 법에 대한 책을 읽을 때 그 지식이 어떤 의미를 지니는지 묻는다면 적절한 대답을 찾지는 못하겠다. 하지만 '토우는 모두 여자가 만들었다' 같은 사실을 머릿속 한편에 기억해 두면 언젠가 도움이 될지 모른다.

따라서 구입한 책이 바로 도움이 되지 않는다 하더라도 실망할 필요는 없다. 도스토예프스키의 소설 『죄와 벌』이나 『카라마조프의 형제』를 한 번쯤 읽어 두는 것이 좋다는 의견에 많은 사람들이 동의한다. 하지만 그 지식을 내일부터 바로 활용할 수 있으리라 기대하지는 않는다.

책을 읽은 경험과 책을 읽으며 생각한 것은 그 사람의 앞으로 인생에 어디서 어떻게 도움이 될지 아무도 모른다. 어쩌면 인생의 마지막 순간에 '아, 그런 것이었구나'하고 깨달을 지도 모른다. 물론 힘든 일이 생겼을 때 서점에 뛰어가 도움이 되는 정보를 찾는 맞춤 요법도 가능하다. 하지만 예정 없이 사 버린 쓸데없는 책은 조금 천천히 효과가 나오는 한약과 같다.

서점은 지금 바로 도움이 되지 않는 것들의 보물 창고다. 서점을 정보의 장으로 한정 지어 보지 말고 놀이터로 생각하기 바란다. 그 속에서 이것저것을 찾아보는 재미있고 소중한 경험을 할 수 있을 것이다.

서점에
가야하는
이유02

Q 실제 서점의 장점은 무엇일까요?

A 인터넷 서점은 원하는 책을 쉽고 빠르게 찾을 수 있는
데 비해 실제 서점은 '무슨 책을 읽고 싶은지 모르는 사
람'에게 적합합니다. 언어화할 수 없는 욕망을 발견할
수 있는 곳입니다.

Q 언어화할 수 없는 욕망이란 무엇인가요?

A 스스로 깨닫지 못했지만 원하고 있던 것을 말합니다.
서점을 둘러보다가 별로 흥미도 없는 우주에 관한 책을
사기도 하는 것은 책을 보고 처음으로 욕망을 자각했기
때문입니다. 욕망의 발견은 서점의 최대 장점입니다.

Q 서점을 어떻게 돌아보는 것이 좋을까요?

A 서점은 실생활에는 '쓸데없는 정보'를 만날 수 있는 장소입니다. 색다른 발상은 이런 쓸데없는 지식에서 나옵니다. 일견 쓸모없어 보이더라도 나만의 시점으로 정보를 가공하여 기획이나 아이디어로 승화시킬 수 있습니다. 그러므로 이것저것을 찾아보는 놀이터로 서점을 즐기기 바랍니다.

제 3 장

읽지 않더라도
책을 사라

책과의 만남은 일기일회—期—会

지금까지 말한 방법으로 자신에게 맞는 마음에 드는 서점을 찾았다면 이제 책을 고르는 기준을 살펴보자. 마음에 드는 서점에 갔을 때 가장 염두에 두어야 할 것은 '이 책과의 만남은 일생의 한 번뿐'이라는 사실이다. 그 한 번의 기회를 놓치지 않기 위해서 조금이라도 마음에 드는 책은 모두 사는 게 좋다.

내가 서점을 경영하며 출판사 광고를 만들기 때문에 하는 말이 아니다. 서점에서 흥미로워 보이는 책을 발

견하더라도 사람들은 대개 나중에 사면 된다며 지나간
다. 이것은 바람직하지 않다. 그 순간 '갖고 싶다'고 생
각했어도 시간이 지나면 그 사실을 쉽게 잊는다. 어지
간히 갖고 싶은 것이 아닌 한 나중에 검색을 하거나 다
시 서점에 가는 귀찮은 일은 절대 하지 않는다. 내 경험
상으로는 그렇다.

또 서점에서는 의외로 빨리 책이 소모된다. 아무리
좋은 책이라도 팔리지 않으면 증쇄를 찍지 않는다. 누
군가가 구입해 버리면 다시 같은 책이 입고되는 일은
없을지도 모른다. 베스트셀러라도 수년 후에는 다시 살
수 있을지 없을지 모를 정도로 상품의 교체가 급격한
업계다.

그러므로 조금이라도 마음에 드는 책이 있다면 일단
사자. 돈에 구애 받지 않는다면 충동구매를 해도 좋다.
물론 몇만 원이나 하는 고가의 학술서는 이야기가 다르
지만 1만 원 안팎이라면 눈에 들어오는 책은 가능한 소
유하는 편이 좋다. 일단 사고 나중에 읽으면 된다는 뜻만

은 아니다. 책을 사는 행위는 거기 들어 있는 정보를 원했던 '자신의 사고 회로를 표시해 둔다'는 의미가 있다.

쥐며느리의 생태를 다룬 책에 재미를 느꼈다 해도 그 순간의 욕망은 금세 잊어버리기 쉽다. 잊을 정도라면 그다지 중요한 정보가 아니라고 생각할 수도 있지만 그 시점에 그 정보에 흥미를 가졌다는 사실을 남겨 두는 것은 중요한 행위다.

한 순간 느낀 흥미를 하나하나 메모하는 것은 어려운 일이다. 아직 제대로 언어화되지 않은 상태일 수도 있다. 책을 사 두면 막연한 흥미를 그 상태로 잡아 둘 수 있다. 나중에 보면 왜 샀는지 의문이 드는 책도 종종 있지만 그것은 그것대로 나쁘지 않은 일이라고 생각한다.

책은 읽지 않아도 괜찮다

책을 많이 사지만 전부 읽을 수는 없다. 결론부터 말하면, 모두 읽지 않아도 괜찮다. 일본에는 츤도쿠積ん読라

는 말이 있다. 말 그대로 책을 읽지 않고 책장이나 책상에 쌓아 두는 것이다. 츤도쿠 상태에 죄책감을 느끼는 사람도 많지만 나는 오히려 왜 그런 생각을 하는지 이해할 수 없다. 죄책감을 느낄 필요가 전혀 없다.

책을 산 것은 그 정보를 원하는 자신의 사고 회로를 저장하는 행동이기 때문이다. 그렇게 산 책은 자신이 알고 싶고 갖고 싶은 욕구의 거울이다. 눈에 들어오는 곳에 책을 놓아두고 일상 생활을 하다가 무심코 눈길을 두는 것만으로도 엄청난 지적 자극이 된다. 문득 천문학과 재즈 책에 관심이 가는 날이면 책을 사서 그 순간을 그대로 보존해 두도록 한다.

츤도쿠를 부정적으로 볼 필요는 없다. 책을 쌓아 두는 것은 자칫 방치하는 것으로 보일 수 있지만 사실은 중요한 의미가 있다. 책을 사면 전부 읽어야 한다는 신화에 얽매이지 말자. 책을 신성하게 여기고 처음부터 끝까지 다 읽고 그 내용을 숙지해야 한다는 사고방식은 좋지 않은 습관이다. 혹은 돈을 내고 샀으니 전부 읽어

흡수하지 않으면 손해를 보는 듯한 절약 정신도 필요치 않다. 아깝다는 마음을 갖는 것 자체가 오히려 안타까울 따름이다.

책을 전부 읽지 않으면 안 된다는 의무감을 당장 버리자. 책을 샀다고 해서 반드시 읽어야 할 필요는 없다. '사면 끝, 조금이라도 읽게 된다면 다행'이라는 마음으로 책을 대하면 책을 살 때 부담이 줄어든다.

영화를 볼 때도 2시간 동안 딴짓하지 않고 끝까지 봐야 한다는 생각이 강하기 때문에 스마트폰으로 영화를 보는 사이트나 앱이 어느 수준 이상으로 성장하지 못한다. 책이나 영화 모두 자투리 시간에 잠깐씩 끊어 보는 방법도 나쁘지 않다. 휴대폰으로 SNS, 카카오톡, 라인을 보는 것처럼 책을 읽는 것이다. 잠깐 훑어본 곳에서 의외로 좋은 아이디어를 얻을 수도 있다.

책은 그리 신성한 것이 아니다. 줄을 긋거나 메모를 하고 포스트잇을 붙이거나 가끔은 책장을 찢어도 괜찮다. 책도 그저 하나의 물건이므로 전부 읽어야 한다거나 책상에 앉아서 봐야 한다는 격식은 버리고 친구 같이 편하게 대하길 바란다.

책에는 '꽝'도 있다

독서를 추천하면 "그럼 어떤 책을 선택해야 좋을까요?" 라는 질문을 종종 받는다. 지금까지 서점을 선택하는 방법에서도 설명했지만 책은 자신의 욕망을 비추는 거울이다. 따라서 그 순간에 읽고 싶다고 느끼는 책을 읽어야 한다. 흔히 베스트셀러나 누군가에게 권유 받은 책을 사는 이유는 잘못된 선택을 하고 싶지 않은 심리 때문이다. 하지만 그것은 큰 착각이다. 책 속에는 분명 '꽝'도 있기 때문이다.

책이라는 매체는 읽기 전까지는 재미있는지, 그 속의 정보가 도움이 되는지, 원래 찾고 있던 목적의 정보인지 아닌지조차 알 수 없다. 따라서 책을 고르다 보면 반드시 실패하는 경우가 있기 마련이다.

하지만 요즘 같은 인터넷 시대에서는 필요한 것만 찾아내는 능력을 높이 평가한다. 되도록 쓸데없는 정보를 피해 목적한 곳까지 최단 경로로 도달하고자 한다. 그런 의미로 본다면 책은 정보를 얻는 수단으로서 효율성이 높지 않다. 그렇지만 그렇게 효율만 따지는 행동이 늘 최선의 결과를 가져오지는 않는다.

무엇이 재미있고 새롭고 도움이 되는 정보인가는 최종적으로는 자신의 눈이나 감에 의지할 수밖에 없다. 정보를 보는 눈을 기르기 위해서는 결국 '얼마나 실패를 했는가', 다시 말해 꽝을 맛보았는지가 필수 조건이다.

재미없고 지루한 책은 언뜻 쓸데없어 보이지만 그런 경험을 직접 해 보지 않으면 정말 좋은 것을 구별할 수 없다. 실패를 피하려고만 하면 판별하는 능력을 키울 수 없고 결국 다른 사람의 평가에 의존하게 된다. 타인의 의견을 참고하는 것이 틀렸다는 뜻은 아니다. 다른 사람의 생각을 듣고 나서 그것에만 의지하지 않고 최종적으로 자신의 판단 기준을 세워야 한다는 것이다.

어떻게 책을 선택하는가

책을 선택하는 기준은 사람마다 다르지만 크게 집단 지성, 추천, 자신의 후각이라는 세가지 패턴으로 나눠 볼 수 있다.

집단 지성이란 현재 잘 팔리는 베스트셀러 같은 대중의 정보에 따르는 것이다. 베스트셀러 순위, 인터넷 서점, 포털 사이트 등에 올라 있는 불특정 다수의 평가를 기준으로 상위에 있는 책을 구매한다.

추천은 특정한 개인의 권유를 참고하는 방식이다. 신문, 잡지, 방송 프로그램의 서평이나 '유명 연예인 누가 감동했다'는 소개 글에 해당한다. 아쿠다가와 상(순수 문학계의 신인에게 일 년에 두 번 수여되는 일본의 문학상_옮긴이)이나 서점 대상 같은 문학상도 심사위원의 취향이나 평가에 따르는 것이므로 추천에 포함된다.

자신의 후각이란 말 그대로 나만의 감성으로 재미있는 책을 찾아내는 것이다. 책은 읽기 전까지는 내용을 분명히 알 수 없기 때문에 자신에게 맞는 것을 찾아내기 위해서는 특별한 후각이 필요하다. '꽝'에 해당하는 책을 만나 실패한 경험이 쌓여야 후각을 기를 수 있다고 말했지만, 그렇다고 자신의 후각만 의지하라는 의미는 아니다. 세 가지 패턴을 종합적으로 사용하는 것이 바람직하다. 무엇보다 균형 감각을 가지는 것이 중요하다.

하지만 지금의 풍조로는 자신에게 맞는 책을 찾는 후각을 키워 가는 독자층은 극단적으로 줄어들고 있는 듯하다. 최근 유명한 광고대행사 하쿠호도博報堂의 신입사원과 단골 식당에서 점심을 먹을 기회가 있었다. 식당에 자리를 잡고 앉으며 그는 "여기 다베로그(일본의 맛집을 추천하는 웹사이트_옮긴이)에서 별 3.0인데 괜찮으시겠어요?"라고 물었다. 오직 대중의 평가에만 의존하는 것이다. 나도 다베로그를 참고할 때가 있지만 무엇보다도 왜 내가 이 식당을 좋아하는지 알아주기를 바라는 마음을 더 중시한다.

또한 나 역시 서점 대상에 관여하며 '서점 직원이 추천하는 책'을 선정하는 입장이지만, 어떤 특정인의 추천에만 의존하는 것은 그다지 좋지 않다고 생각한다. 잡지 『브루투스』 편집장인 니시다 젠다 씨가 "다른 사람의 추천에 의존하는 것은 호기심을 포기하는 것"이라고 말한 적이 있다. 그의 말에 진심으로 동의하지 않을 수 없다. 성장과 발전의 가장 중요한 요소인 호기심을 포기해서는 안 된다. 사람은 호기심을 만족시키기 위해서, 또 새로운 호기심을 자극받기 위해서 책을 읽는다. 그러므로 어느 하나에 의존하기보다 집단 지성, 추천, 후각의 세 가지 패턴을 통합해 자신에게 최적화된 방법을 찾아야 한다.

고다르식 독서법

마음에 드는 책을 선택했다면 이제 '어떻게 읽을 것인가?'의 문제와 마주한다. 무조건 책은 이렇게 읽으라는 방법론은 존재하지 않는다. 오히려 책은 어떻게 읽어도 정답이다.

우리는 '책의 처음부터 끝까지 모두 읽어야 한다, 책은 책상에 앉아서 읽어야 한다' 같은 고정관념에 사로잡혀 있다. 하지만 나는 좀 더 건성으로 책을 읽으라고 제안하고 싶다.

우선 책을 전부 읽어야 하는 의무 같은 것은 없다. 대개 책의 서두에는 핵심 내용과 결론이 쓰여 있다. 따라서 머리말이나 제1장을 읽고 나면 저자가 말하고 싶은 것을 대부분 알 수 있다. 거기까지 읽고 끝내도 좋다.

프랑스의 영화감독 장뤼크 고다르Jean-Luc Godard는 "영화는 15분만 보면 알 수 있다"고 말했다. 실제로 고다르는 영화 시작 15분만에 극장을 나와 다른 영화를 보러 가곤 했다. 독서에 있어서도 이런 고다르식 방법을 사용할 수 있다. 와세다 대학에서 출판문화론을 가르치는 나가에 아키라永江朗 교수는 이것을 '고다르식 독서법'이라 명명했다. 처음 몇 페이지를 읽고 저자가 무엇을 말하고 싶은지, 무엇을 다룬 책인지 파악한다. 그리고 그 책은 덮고 다음 책을 펼치는 것이다. 그래도 내용을 이해하는 데는 전혀 문제가 없다.

이렇게 말하면 책을 전부 읽지 않고는 저자가 정말로 전하고 싶은 메시지를 알 수 없다고 비판할지도 모른다. 그러나 여기서 말하는 독서는 책을 읽고 비평을 하거나 반론할 수준을 의미하는 것이 아니다. 어디까지나 책에서 호기심을 가질 부분이 있는지, 재미가 있는지, 흡수할 만한 흥미로운 정보가 있는지의 관점에서 보는 독서다.

그렇다면 반드시 첫 부분을 읽는 편이 좋을까? 꼭 그렇지도 않다. 후루룩 책장을 넘기다 재미있는 부분을 발견하면 거기를 읽어도 좋고 뒤에서부터 읽어도 상관없다. 물론 소설은 그런 식으로 읽기 어려울지도 모른다. 하지만 인상적인 문장을 한 줄이라도 발견한다면 충분히 가치 있는 독서를 한 것이다.

독서 초보자에게 추천하는 병독법

책을 읽는 요령 가운데 '병독併讀'이라는 방법이 있다. 두 가지 이상의 신문이나 책을 아울러 보는 것이다. 나도 늘 서너 권의 책을 병행해서 읽는다. 일본 마이크로소프트의 사장을 지낸 나루케 마코토成毛眞는 다독가로 유명한데, 무려 10권의 책을 동시에 읽으라고 권유한다.

병독이 좋은 점은 서로 다른 책에 쓰인 내용이 생각지도 않은 곳에서 연결되는 데 있다. 또 병독은 같은 것을 다른 시점으로 볼 수 있게 해 준다. 예를 들면 축구 선수 펠레의 전기와 미국 포드 자동차 회사의 창립자 헨리 포드의 전기를 동시에 읽는다고 하자. 잘 알려져 있는 것처럼 헨리 포드는 처음으로 대량 생산이 가능한 자동차 T형 포드를 개발한 인물이다. 그는 효율적인 방법을 추구한 것처럼 여겨지지만 사실 발명왕 에디슨의 열렬한 팬이었다. 에디슨에게 자신의 아이디어를 팔러

가기도 하고 같이 식사를 즐기기도 했다. 에디슨의 연구소를 모방한 연구소를 설립할 정도였다.

한편 브라질 대표로 활약한 축구 선수 펠레의 본명은 에드손이다. 펠레가 태어나던 해에 그 마을에 전기가 들어왔는데, 처음 본 전기에 감동을 받은 펠레의 아버지가 아들의 이름을 에디슨을 본떠 지었다고 한다.

두 이야기가 진정 연관되느냐고 따져 물으면 딱히 할 말은 없다. 하지만 에디슨을 연결 고리로 펠레와 포드라는 얼핏 아무 관계 없어 보이는 두 사람이 이어진다는 것이 꽤 흥미롭다. 쓸데없는 정보지만 혹시 포드에 관련된 기획을 의뢰 받았을 때 펠레와 연관 지어 예상 외의 아이디어를 낼 수 있을지도 모른다.

그렇다고 해도 지금까지 병독을 해본 적이 없는 사람은 집중하기 힘들 수 있다. 따라서 병독 초보자에게는 같은 시대에 태어난 두 사람의 전기를 함께 읽어 보기를 권한다. 공통점이 전혀 없는 책을 연결하기는 어렵지만 같은 시대라는 분명한 공통점이 있으면 두 권의 책을 쉽게 연결시킬 수 있다.

또는 문맥이 있는 매대를 잘 구성한 서점에서 함께 놓여 있는 책을 사 보는 것도 좋은 방법이다. 진화론과 두바이 건축을 다룬 두 권의 책을 갑자기 읽으며 관계성을 찾아내기는 어렵다. 일단 밀접한 주제의 책에서 의식적으로 연결점을 찾아 보고 그것이 익숙해지면 점점 거리를 넓혀 가는 것이다. 그 거리가 멀면 멀수록, 관련성이 없어 보이는 책일수록 만족도도 커진다. 동시에 읽고 있는 책뿐 아니라 오래 전에 읽은 책과 연결시키는 것도 가능해진다.

처음에는 어렵겠지만 조금 무리를 하더라도 동시에 여러 책을 읽다 보면 한 권만 읽을 때보다 의외로 다양한 발견이 가능해진다. 이런 능력은 '점착력'이라고도 할 수 있는데, 관련 없는 주제 사이를 연결시키는 점착력을 익힌다면 다양한 사람의 마음을 울리는 이야기를 많이 찾을 수 있다. 이것은 매력적인 화법이나 설득력 있는 문장력, 뛰어난 프레젠테이션 능력으로도 이어진다.

나아가 예상외의 발견을 할 수 있는 세렌디피티 능력도 높일 수 있다.

책에 마음껏 메모하기

책은 읽는 대상일 뿐 아니라 도구로 사용할 수도 있다. 오히려 도구로 사용이 가능한지 아닌지가 읽는 것보다 중요할지 모른다.

나는 책장에 포스트잇을 붙이거나 모서리를 접는 것은 물론 메모를 하고 페이지를 찢기도 한다. 술집에서 술을 마시면서 책을 읽는 경우도 많아서 음식 국물이나 와인을 흘린 얼룩이 여기저기 남아 있다. 절대로 중고로 되팔 수 없는 상태가 많다. 하지만 그런 얼룩도 나에게는 가치가 있다.

물론 아름다운 디자인의 책을 소중하게 책꽂이에 진열해 두는 페티시즘과 같은 기분도 이해한다. 그러한 취미를 부정하려는 것이 아니다. 그와는 별개로 많은 사람이 도구로서 책의 가능성을 제대로 알고 사용하지 못하는 점이 안타깝다.

최근에 나는 책에 표시를 할 때 핑크색 사인펜을 사용한다. 검정이나 파랑, 빨간색을 사용하는 사람은 많이 있지만 핑크색은 그에 비하면 많지 않다. 그래서 "왜 굳이 핑크색이냐?"는 질문을 자주 받는다. 밝은 색이 기분을 좋게 만드는 점도 있지만, 책이나 신문의 글자 위에 써도 인쇄되어 있는 글자와 내가 적은 내용을 모두 읽을 수 있다는 것이 가장 큰 이유다. 다른 사람과 대화하면서 읽고 있던 책에 전화번호를 적으면 모두들 깜짝 놀란다. 하지만 읽고 있는 책에 적어 두면 나중에 찾기도 쉽기 때문에 그렇게 한다.

또는 책의 감상을 쓰기도 하고 본문과 전혀 관계 없는 생각이나 정보를 적기도 한다. 예를 들면 미술관에서 마루야마 오쿄円山応挙(에도시대 중기의 화가로 자연의 사실적인 묘사를 중시하는 친근한 화풍이 특색이다_옮긴이)가 장난감 가게에서 일했다는 사실을 알게 됐다. 따로 수첩이 없으면 주머니에 들어 있는 문고본 책에 메모를 한다. 그렇게 메모장 같은 느낌으로 책을 대하고 있다.

　메모를 할 때는 겹쳐도 좋으니 인쇄된 글자보다 조금 크게 쓰는 것이 좋다. 그래야 글자 크기가 달라서 양쪽 모두 읽을 수 있다. 10년 전에 이런 식으로 메모를 하기 시작했을 때 주위 사람 모두가 그럴 수 있다고 납득하기는 하면서도 나를 따라 하는 사람은 없었다. 안타까울 따름이다.

　아트 디렉터인 모리모토 지에 씨는 지방으로 여행이나 출장을 가면 그 지역의 신문을 사서 예술 작품처럼 그 위에 그림일기를 쓴다. 지역 신문에 일기를 쓰면 그날 일어난 사실과 자신의 기분이 부드럽게 연결되며, 그날 그곳에 있었다는 기록을 남길 수 있어 좋다고 한다. 내가 핑크색 사인펜을 사용하는 것도 다소 비슷한 의미를 갖는다.

책에 포스트잇을 붙이는 이유

책을 읽으면서 좀 더 구체적으로 정보를 수집하기 위한 두 가지 방법으로 포스트잇 붙이기와 노트에 옮겨 쓰기가 있다. 책을 읽다가 흥미롭거나 깨달음을 주는 문장이 있으면 포스트잇을 붙인다. 나중에 어느 문장에서 그런 생각을 했는지 바로 알 수 있도록 그 문장 위에 붙여 두는 것이 좋다.

내가 추천하는 포스트잇은 끝 부분만 색이 입혀진 형태다. 접착하는 부분이 투명 필름으로 되어 있어서 문장을 가리지 않아서 좋다.

포스트잇 케이스는 명함 크기 정도이므로 지갑, 주머니 등 여기저기에 넣고 다니거나 책상이나 침대 어디든 늘 손이 닿는 곳에 놓아둔다. 어디서 책을 읽더라도 마음에 드는 부분을 발견하면 바로 포스트잇을 붙일 수 있게 하기 위해서다. 그러므로 책을 다 읽고 나면 군데군데 포스트잇이 붙어 있어서 마치 스테고사우루스 같은 형상이 된다. 마음에 드는 부분이 많을수록 더 많은 포스트잇이 붙어 있다. 나중에 되짚어 볼 때도, 어떤 책이 재미있었는지도 일목요연하게 알 수 있다.

포스트잇으로 표시한 정보는 바로 활용하고 싶겠지만 욕심을 잠시 누르고 한 달 정도 그대로 방치해 두자. 위스키나 와인처럼 지식을 숙성시키는 것이다. 그리고 한 달 후에 포스트잇을 붙인 부분을 다시 읽어 본다. 왜 포스트잇을 붙였는지 바로 기억나는 경우도 있고 도대체 알 수 없는 부분도 있다. 한 달 전의 자신을 떠올리며 생각해 보는 것도 중요한 과정이다.

나도 왜 포스트잇을 붙였는지 전혀 생각이 나지 않을 때가 종종 있다. 그런 일에 일희일비할 필요는 없다. 아무리 생각해도 기억이 나지 않는다면 그 정도의 정보였다고 포기하고 치워 두는 것이 좋다.

그중에서 역시 재미있다고 생각되는 정보는 노트에 옮겨 쓴다. 옮겨 쓸 때 정보를 분류하거나 순서를 정할 필요는 없다. 그대로 옮겨 쓰기만 한다. 그 다음에 적어

놓은 정보에 번호를 매기는 것으로 끝이다. 말하자면 정보를 방목하는 것이다.

이렇게 해서 만들어진 노트를 나는 '주전 노트'라 부른다. 포스트잇을 붙인 문장과 책장에 써둔 메모(이것은 후보 노트다)에서 선발된 정보가 모였기 때문이다. 때때로 주전 노트를 읽곤 한다. 내용을 외우거나 무엇이 쓰여 있는지 기억하려는 것이 아니다. 하지만 언젠가 아무 관계 없어 보이는 정보가 도움을 주기도 하고 정보끼리 연결되어 새로운 아이디어로 이어지기도 한다. 나는 지금까지 몇 번이나 그런 경험을 했다.

무엇보다 독서를 하면서 어떤 일이든 의무적으로 하려고 하지 않는 것이 중요하다. 의무화되는 순간 하기 싫어지기 때문이다. 마음에 들면 주저 없이 포스트잇을 붙여 둔다. 도움이 될지 안 될지는 나중에 결정하면 된다. 주제별로 포스트잇의 색을 구별하는 귀찮은 일은 하지 않는다. 다시 읽어 보고 조사를 하지도 않는다. 규칙은 단순할수록 좋다.

집은 작은 아이디어 저장고

책을 전부 읽어야 한다는 생각을 버리면 생활 속에서 흔히 접하는 물건의 하나로 책을 받아들일 수 있다. 집중해서 읽어야 할 책도 있지만 좀처럼 시간을 투자하기가 쉽지 않다. 그렇다면 우선 자투리 시간에 읽을 수 있는 책부터 시작하는 것이 좋다.

우선 책을 두는 장소부터 바꾸어 본다. 책은 꼭 책장이나 책상 주위에 두어야 할 이유가 없다. 나는 주로 현관이나 화장실에 책을 쌓아 둔다. 하루에 반드시 한 번은 사용하는 장소, 집 안의 체크포인트 같은 곳이기 때문이다.

그곳에 잠깐씩 읽을 수 있는 책, 예를 들어 잡지나 도감, 사진집, 연대기 등을 놓아둔다. 『내셔널 지오그래픽』의 기사나 무라카미 하루키가 재즈 연주자와 음반을 소개하는 『포트레이트 인 재즈』 같은 에세이는 조금씩 끊어 읽어도 문제가 없다. 그 장소를 지날 때마다 한

장씩 읽는 것이다. 꼭 읽어야 한다고 생각하면 하기 싫어지므로 그곳을 지나칠 때마다 아이디어를 하나씩 꺼낸다는 가벼운 생각으로 실행해 보자. 말하자면 아이디어의 저장고라 할 수 있다.

아무것도 없으면 그냥 지나쳐 버리기 쉬운 장소지만 그런 일상에 일부러 이물질을 넣어 보면 뜻밖의 일이 벌어지기도 한다. 뜻밖의 일이라니 무엇일까? 책을 읽으며 우연한 순간에 날아 들어온 정보나 호기심으로 인해 생각지도 않던 쪽으로 사고가 확장되는 것을 말한다.

화장실에 놓아두었다고 계속 그곳에 두어야 하는 것은 아니다. 화장실에서 읽기 시작해서 멈추지 못하는 책은 그대로 침실까지 가지고 와서 읽어도 좋다. 그 반대가 될 때도 있다. 이렇게 책은 집 안 여기저기를 이동하게 된다. 원래 위치가 어디인지 찾아서 되돌려 놓을 필요는 없다. 읽던 책을 어디에 두었는지 기억나지 않을 때는 근처에 놓인 다른 책을 읽으면 된다. 이러한 회전을 거쳐 다 읽은 책만 책꽂이에 정리한다.

책은 버리지 마라!

나는 버리지 못하는 인간이다. 책커녕 잡지도 버리지
못한다. 그래서 늘 공간과의 전쟁을 벌이지만 그래도
과감히 이렇게 말하고 싶다. 책은 버리지 마라!

나의 집에는 『피아*ぴあ*』(주오대학 학생이던 야나이 히로
시가 1972년 학생 기업으로 창업해 만든 영화와 콘서트 정보
를 모은 잡지_옮긴이)나 『앙앙*an·an*』(일본 매거진하우스에
서 매주 발행하는 여성 패션 잡지_옮긴이), 『올리브*オリーブ*』
(일본 여성 패션 잡지로 1982년에 창간되어 2003년 8월호로
휴간되었다_옮긴이) 등 스무 살부터 쭉 모아온 잡지와 책
이 쌓여 있다.

의외라고 생각할 수도 있지만 나는 책보다 잡지를 더
버리지 못한다. 이들 잡지는 1980~90년대 대중문화의
연대기이자 정보의 보고다. 유행이나 문화, 패션 등은

시대를 그대로 보여 준다고 해도 과언이 아니다. 그 시대가 지나고 나서야 알 수 있는 것들이다.

잡지 기사는 인터넷에도 남아 있지 않은 경우가 많아서 잡지를 버리고 나면 두 번 다시 찾을 수 없을 것이라는 두려움이 있다. 지금은 없어진 시부야 판테온 극장에서 1979년 8월에 어떤 영화를 상영했는지 알고 싶어질 일은 평생 없을지도 모른다. 하지만 만약의 경우를 생각하면 버릴 수가 없다.

언젠가는 잡지의 모든 글을 검색할 수 있을지 모르지만 그래도 인터넷으로 검색하는 정보는 특정 일시와 관련된 것을 끄집어 내는 감각이다. 잡지 수집에는 그러한 인터넷과는 질이 다른 정보가 있다. 시간의 흐름이 하나의 덩어리가 되어 그대로 드러나는 것이다.

책도 마찬가지다. 언제 무엇이 도움이 될지 모른다. 정보는 갑자기 떠오르는 경향이 있다. 5년 전에 읽은 책의 정보가 지금 도움을 주기도 한다. 그렇게 정보와 정보가 이어져 만나는 순간은 잊을 수 없는 경험이다.

지금 읽은 것과 예전에 읽은 책이 사실 같은 이야기를 하고 있었다는 운명적인 만남을 몇 번이고 느껴 보길 바란다.

책장의 효용

최근에는 집에 책장을 가지고 있지 않은 사람이 늘고 있다. 책을 굳이 책장에 꽂아 둬야 하는 것은 아니지만 한곳에 책을 정리해 둔다는 점에서 의미가 있다. 책장은 자신의 생각을 가시화해 주는 장소로 상당히 유용하다. 책장은 인터넷의 검색 기록과 닮아 있다. 나의 흥미나 관심거리가 과거부터 현재까지 순서대로 나열되어 있다. 자신의 욕망이 드러나는 장소인 것이다.

그래서 때로 다른 사람에게 자신의 책장을 보여 주는 게 부끄럽기도 하다. 컴퓨터의 검색 기록을 누군가가 엿보는 것과 같은 느낌이기 때문이다. 책장은 검색 기록을 항상 한눈에 살펴보고 만질 수 있는 장소다. 게다가 책의 순서를 바꿔 꽂는 것만으로 정보를 원하는 대로 편집할 수 있다.

책을 좋아하는 사람에게 책장 공간은 언제나 고민거리다. 매일 책을 사면 아무리 책장이 커도 감당할 수 없다. 지금 살고 있는 집을 지을 때, 아내에게 "바닥을 전부 양보할 테니 나에겐 벽을 달라"고 말했다. 아내는 도통 내가 무슨 말을 하는지 모르는 눈치였다. 나는 건축가에게 벽 전체를 책장으로 만들어 달라고 주문했다. 집이 완성된 후 아내가 화를 낸 것은 말할 필요도 없다.

하지만 그렇게 큰 책장도 더는 빈 자리가 없다. 한번은 아내가 책을 백 권 정도 버리라고 해서 어쩔 수 없이 한 달에 걸쳐 버릴 책을 고른 적이 있다. 그것을 본 아내는 벼락 같이 화를 냈다. 내가 고심해 고른 백 권 모두 아내가 사준 책이었기 때문이다. 변명으로 들릴지 모르지만 일부러 그런 것은 결코 아니다. 나름대로 우선순위를 두다 보니 그렇게 된 것뿐이다.

이런 상황이므로 나는 책장 정리를 전혀 하고 있지

않다. 꽂은 순서도 두서가 없고 사진집이나 소설, 논픽션, 도감을 구분하지 않고 섞어 두었다. 대략 무슨 책을 어디에 두었는지는 알고 있지만 같은 책을 두 권 살 때도 있다. 다만 그 책을 처음 샀을 때 가졌던 욕망과 두 번째 살 때의 욕망은 다르다고 생각한다.

책이나 정보는 다면체다. 같은 책이라도 정리된 방법이나 놓여 있는 장소에 따라 전혀 다른 것으로 보인다. 또한 책이라는 사물에 들어 있는 정보와 지식도 보는 각도에 따라 전혀 다른 형태를 띤다. 그러므로 무리해서 책장을 정리하지 말고 그냥 내버려 두는 것이 좋다. 그때의 자신을 충분히 반영한 공간으로서 가치가 있기 때문이다.

정보는 책장에서 화학 작용을 일으킨다

책을 모아 두면 어느 순간 그 속에서 화학 변화가 일어나고 있음을 알 수 있다. 예상 밖의 것들이 연결되며 새로운 이야기가 태어난다.

예를 들어 "매운 명란젓은 미켈란젤로로 인해 탄생했다"라는 다소 황당해 보이는 이야기가 있다. 16세기 로마의 교황 율리우스 2세가 미켈란젤로에게 시스티나 예배당의 천장화를 의뢰했다. 그리고 엄청난 제작 비용을 마련하기 위해서 로마 교회는 면죄부를 팔아 돈을 벌기 시작했다. 교회의 타락에 분개한 루터는 가톨릭에 대항하여 이른바 종교 개혁을 일으켰다.

루터가 주창한 프로테스탄트가 증가하는 것을 두려워한 에스파냐의 펠리페 2세는 예수회를 만들었다. 예수회의 프란시스코 사비에르 신부가 바로 일본에 기독교와 함께 고추를 전파했다. 통설에 따르면 이후 고추는 임진왜란을 통해 조선에 전해졌고 매운 명란젓이 탄생하게 되었다. 시스티나 예배당의 천장화와 면죄부, 루터의 종교 개혁과 예수회, 사비에르 신부가 가져온 고추와 임진왜란 등의 정보는 각기 다른 책에서 얻은 지식이다. 어느 날 각각의 정보가 책장에서, 즉 자신의 머릿속에서 갑자기 연결되는 것이다.

앞에서 책을 신성시하는 태도를 버리고 도구로 활용하라고 말했지만, 한편으로 책장에 꽂아 놓은 책은 신성한 것이기도 하다. 책을 소중히 다루라는 게 아니라 책장에 꽂아 놓은 책은 이미 그 사람의 사고의 분자로 변화했다는 뜻이다. 말하자면 정보의 한 단위가 된 것이다. 사고의 입자가 꽂혀 있는 책장은 그의 머릿속, 지적 욕구, 지적 자극을 시각화한 상태다. 이것이 책장의 가장 흥미로운 부분이다.

좋은 책장에는 별자리가 있다

제1장에서 좋은 서점의 책장은 하나의 세계라고 했는데 집에 있는 책장도 역시 하나의 세계를 구성한다. 책장에 꽂힌 책은 우주에 있는 별과 같은 기능을 한다.

별이 인력으로 서로 영향을 주고받는 것과 같이 책장의 책은 옆에 꽂힌 책에 따라 의미가 달라진다. 그래서 책장의 책 순서를 바꿔 꽂기만 해도 전혀 다른 세계가 만들어지는 것이다.

밤하늘에는 무수한 별이 있다. 인간은 그중 밝고 눈에 띄는 별을 중심으로 수많은 별자리를 만들어 왔다. 별자리는 옛날부터 방향이나 시간을 알려 주는 중요한 역할을 했다.

좋은 책장에는 좋아하는 책이 별자리처럼 꽂혀 있다. 마치 자신이 가지고 있는 정보의 항해 지도 같다. 또 책장은 사람의 뇌에도 비유할 수 있다. 어떤 사람이 책을 구입하는 순간 그의 흥미를 연결하는 시냅스(신경 세포와 다른 신경 세포가 접합한 부위)가 된다. 뇌 속의 시그널을 전달하는 거점이 되는 시냅스가 증가해 어떤 연결 고리가 만들어지면 새로운 아이디어가 탄생한다.

책을 사는 것은 지식을 넓히는 기회일 뿐만 아니라 흥미의 확장이기도 하다. 하지만 누구나 서점과 같은 거대한 책장을 가질 수 있는 것은 아니다. 공간 문제도 있고 가족의 압박에 못 이겨 눈물의 이별을 해야 하는 경우도 있다.

그런데 반드시 책장이 커야 한다는 법도 없다. 초등학생에게는 학급 문고나 학교의 작은 도서실이 하나의 세계인 것처럼 작은 책장이라도 훌륭한 정보 공간으로 만들 수 있다. 오히려 중요한 별자리나 별자리를 구성하는 별과 같은 책이 눈에 잘 들어올 것이다. 어쩔 수 없이 책을 버려야 할 경우에는 이런 부분에 초점을 맞춰 선택과 집중을 해야 한다.

Q 왜 책을 사야 할까요?

A '이 책과의 만남은 일생에 한 번뿐'이라는 사실을 잊지
말아야 합니다. 따라서 마음에 드는 책은 일단 사는 것
이 좋습니다. 그 정보를 원하는 자신의 사고 회로를 저
장하는 것입니다.

Q 책은 어떻게 선택해야 할까요?

A 책을 선택하는 기준은 집단 지성, 추천, 자신의 후각으
로 나눌 수 있습니다. 세 가지 기준을 종합해서 내게 맞
는 책을 찾는 감각을 키워 가야 합니다.

제 4 장

창조적 발상을
이끌어 내는
독서 사고법

새로운 아이디어는 어떻게 탄생하는가?

광고 업계에서 활동한다는 이유로 "어떤 방식으로 기획을 하세요?"라는 질문을 자주 받는다. 기획이나 새로운 아이디어에 필요한 요소를 한마디로 정리하면 '예상 밖'과 '욕망'이라 할 수 있다. 그리고 좋은 아이디어를 낼 수 있는가는 자신의 세계를 얼마나 넓힐 수 있는가와 연관된다. 이번 장에서는 좋은 아이디어를 떠올리기 위해서 서점과 독서를 어떻게 활용할 수 있을지 살펴보려 한다.

영화와 드라마 구성부터 상품 네이밍, 광고 홍보까지 대중을 사로잡는 좋은 기획에는 대체로 예상 밖의 요소가 담겨 있다. 빅카메라와 유니클로가 함께 만든 '빅크로'는 가전제품과 패스트 패션을 함께 판매해 화제가 되었다. 〈35세 고등학생〉이라는 드라마는 35세라는 연령과 고등학생을 조합시킨 의외성이 흥행을 이끌었다. 에키나카エキナカ(일본의 역 안에 있는 상업 시설을 총칭_옮긴이)도 기차역 안에는 작은 매점밖에 없던 시대에 꽃가게, 속옷가게 또는 지역 특산품을 파는 가게를 넣어서 새로운 고객층을 끌어들이는 데 성공했다. 이렇게 예상 밖의 요소를 첨가하면 참신한 아이디어가 탄생할 수 있다.

'참신하다' 혹은 '새롭다'라고 하면 '지금까지 아무도 생각해 낸 적이 없는 것'이라고 생각할 것이다. 정말로 참신한 아이디어를 생각해 내는 천재도 물론 있겠지만 매번 누구도 생각하지 못한 것을 떠올릴 수 있는 사람은 많지 않다. 더구나 매일 업무를 하면서 새로운 기획이나 아이디어를 턱턱 내놓는 것은 쉬운 일이 아니다. 그렇다면 어떤 사람이 좋은 아이디어를 생각해 낼 수 있을까?

많은 사람이 알고 있는 정보라도 상상하지 못한 조합을 만들어 낼 수 있는 사람이다. 전혀 다른 것, 아무도 연결시키려고 생각하지 못한 것을 잇는 능력이야말로 기획력이다.

필요한 것은 창조적 도약이다

업무에서 성과를 내는 데는 크게 두 가지 방법이 있다. 하나는 어떤 특정 분야를 깊이 파고들어 비교할 수 없는 실력을 갖추는 것이고, 또 하나는 주위의 다양한 지식을 받아들여 강해지는 이종 교배다. 기획이나 아이디어는 후자에 해당한다.

예전에 어떤 식품 회사에서 젊은 주부층을 대상으로 조미료 사용을 촉진시키고 싶다는 의뢰를 받은 적이 있

다. 그래서 우리는 갸루^{ギャル}(일본에서 유행한 특유의 화장법과 그러한 문화를 공유한 젊은 여자를 뜻한다. 영어 단어 Girl을 일본식 발음으로 읽은 것이다_옮긴이) 마마를 대상으로 '마마의 밥'이라는 요리 사이트를 만들었다.

왜 갸루 마마를 대상으로 했는지 의아할 것이다. 요리를 더 좋아하는 사람들을 상대로 하는 편이 효과적이지 않았을까? 하지만 갸루 마마의 대다수가 가족을 위해 요리하기를 즐긴다는 사실을 잡지에서 읽어 알고 있었다. 게다가 갸루 마마는 10대 시절에 제멋대로 행동해서 부모에게 불효했다는 생각에 자신의 아이에게는 더 사랑을 주려는 경향이 강하다. 따라서 애정을 갖고 요리하는 갸루 마마가 조미료를 홍보하기에 가장 이상적인 타겟이었다.

이러한 전략은 비즈니스 잡지나 마케팅 도서에서는 배울 수 없다. 하물며 조미료 판촉이라는 의뢰를 받고 갸루 마마를 대상으로 한 잡지를 살펴보려는 생각을 하기는 힘들다. 요리와 갸루는 언뜻 파격적인 의외의 조합이기 때문이다. 하지만 전혀 관계없어 보이는 요소를 결합할 때 창조적 도약이 발생한다.

기획에는 의외성이 필요하지만 평상시처럼 생각해서는 그런 의외성이 끼어들 틈새가 없다. 사고의 틈새를 만드는 데는 엉뚱한 정보가 상당한 도움이 된다. 전혀 관계없는 곳에서 이분자를 찾아 조합해 보면 예상치도 못한 새로운 아이디어를 떠올릴 수 있다.

역발상과 순열 조합

그렇다면 예상 밖의 것을 조합하는 기술을 어떻게 습득할 수 있을까? 여러 방법 가운데 '역발상'과 '순열 조합'을 대표적으로 꼽을 수 있다.

역발상은 가장 간단한 방법으로 말 그대로 정반대의 요소를 조합하는 것이다. 눈보라 체험 투어나 제설 체험 투어를 예로 들 수 있다. 일본 북서부의 아오모리현은 겨울이 되면 눈보라가 심해서 이곳을 찾는 관광객이 거의 없었다. 눈이 많이 내리는 지역에서는 스키 외에 관광객을 모을 수 있는 요소가 없기 때문이다. 아오모리현에서는 어떻게 하면 더 많은 관광객을 유치할 수 있을지 고민하다가 장애가 되는 요소를 역으로 관광의 핵심 역량으로 만들기로 했다. 다른 지역에서는 흔히 볼 수 없는 눈보라를 직접 경험하고 밤새 쌓인 눈을 치우는 여행 프로그램을 개발한 것이다.

최근에는 복잡한 기능으로 무장한 가전 제품이 필요하지 않거나 설명서를 잘 이해하지 못하는 사람을 위해 간단한 기능만 갖춘 제품을 만들기도 한다. 쓸모없는 기능이 빠진 덕분에 가격이 내려가 꽤 수요가 있다. 또한 겨울에 아이스크림을, 여름에 뜨끈한 어묵을 팔면 예상외로 높은 매출을 올리기도 한다. 역발상은 언제나 사용할 수 있는 것은 아니지만 잘 맞아 떨어지면 큰 성과를 만들 수 있다.

한편 순열 조합은 예상 밖의 조합을 포함하여 가능한 모든 경우의 수를 시험해 보는 것을 말한다. 가장 좋은 예로는 모모쿠로와 나고야의 찻집이 있다.

모모쿠로는 모모이로 클로버Z($ももいろクローバーZ$)라는 일본 아이돌 걸그룹을 줄여서 부르는 말이다. 여성 네 명으로 구성된 모모쿠로는 프로레슬링을 접목시킨 이려운 댄스 퍼포먼스를 선보인다. 더구나 콘서트에서 깜짝 놀랄 만한 조합의 공연을 보여 주는 것으로 큰 인기를 끌고 있다. 프로레슬링 선수나 영화배우, 코미디언 등 아이돌 그룹의 공연에서 쉽게 볼 수 없는 인물이 등장하여 전혀 새로운 형태의 공연을 시도하는 것이다.

나고야의 찻집도 예상 밖 조합의 음식을 내놓는 것으로 유명하다. 녹차와 팥이 들어간 스파게티를 메뉴에 넣거나 딸기 크림을 이용한 파스타를 만드는 것이다. 맛이 있는지는 차치하고 가능한 모든 경우의 수에 끊임없이 도전한다는 점에서 대단히 의욕적이라 할 수 있다. 쓸데없다고 생각하면서도 굳이 시도해 보고 그런 도전을 통해 우연히 맛있는 것을 찾아 가는 것이다.

순열 조합으로 기존의 발상에서 벗어나는 사고법은

새로운 기획을 하는 데 적합한 방법이다. 기획은 관계 없는 것을 조합하여 차이를 만드는 데서 탄생하기 때문이다.

정보를 조합하는 관점

관계없어 보이는 정보를 조합하는 것에서 기획이 탄생한다고 했다. 하지만 아무렇게나 조합하면 된다는 의미가 아니다. 정보와 정보를 조합할 때 중요한 것은 기획자의 '시점' 또는 '관점'이다. 가장 흔한 예로 잡지가 있다. 잡지는 말 그대로 잡다한 정보를 모아 놓은 집합체다. 잡지에는 필연적으로 자신이 평소에 흥미롭게 생각하지 않는 정보도 포함되어 있다. 따라서 예상 밖의 정보를 만날 확률이 높아진다.

잡지에는 여러 필자의 취향이 반영된다. 베스트셀러 순위에는 올라가 있지 않지만 괜찮은 책을 소개하는 등 집단 지성의 대체제로서 중요한 역할을 수행한다. 잡지의 종류, 발행 부수, 영향력 등이 예전만 못하지만 세계적인 IT 전문지『와이어드 *Wired*』의 편집장 크리스 앤더슨Chris Anderson은 "어떤 관점을 가지고 편집된 콘텐츠는 좋이든 웹이든 팔리게 되어 있다"라고 했다.

내가 편집을 맡은 잡지『케틀 ケトル』의 기획 가운데 반응이 꽤 좋았던 것은 '중앙선 특집' 기사였다. 그 기사가 인기 있었던 이유 역시 '관점'에 있었다. 지하철 중앙선은 도쿄에서도 개성적인 서브컬처 문화가 강한 지역을 지나간다. 우리는 중앙선을 따라 늘어선 가게 100여 곳을 소개하기로 했는데, 일반적인 정보를 소개하는 데 그치지 않고 가게 하나하나를 다루며 '어디가 가장 중앙선의 분위기와 어우러지는지' 상세히 분석했다. 예를 들면 "헌책방을 할 생각이었는데 카레 가게가 됐어요", "빗자루를 너무 좋아해서 가게 안에 열 개도 넘게 있지요", "가구는 전부 대여한 것입니다" 등과 같이 매력적인 사연을 적었다. 빵집을 소개하면서도 빵에 대해서는 전혀 언급하지 않은 채 이런 뒷이야기를 중점적으로 소개했다.

그 과정에서 '중앙선은 소셜미디어의 원조'라는 특징을 발견할 수 있었다. 중앙선 주변 지역은 헌책방이나 셰어 하우스가 밀집되어 있고 자연스레 그런 문화를 좋아하는 사람들이 모여 들었다. 그들은 필요한 물건이나 인력을 교환하며 비즈니스를 하기 시작했다. 현대의 SNS는 노마드처럼 자유롭게 돌아다니며 관계를 맺는 가치관을 기반으로 하는데, 중앙선 주변 지역은 예전부터 그런 분위기가 팽배했다. 새로운 관점을 통해 중앙선이 지나가는 지역의 특징을 잡아낸 것이다.

음식점의 메뉴와 위치 같은 정보는 인터넷에서 얼마든지 쉽게 얻을 수 있다. 하지만 특정 관점으로 편집된 콘텐츠는 다른 가치를 지닌다. 자신만의 시점을 갖춘 잡지는 결코 없어지지 않을 것이다. 다시 말해, 우리는 정보에 돈을 지불하는 것이 아니라 정보의 조합에 돈을 지불하는 시대를 맞이했다. 정보의 조합법은 바로 정보를 보고 분석하는 관점을 말한다. 그런 현상은 새로운 기획이나 아이디어가 중시되는 비즈니스 세계 전반에서 찾아볼 수 있다.

서점에서 의외성을 연습한다

예상 밖의 정보를 조합하는 훈련에 있어 서점은 최적의 장소다. 서점의 책장에는 온갖 종류의 책이 뒤섞여 있다. 그중 몇 권의 책을 골라 서로 어떻게 연결시킬 수 있을지 공통점을 찾아본다. 또는 문맥이 있는 매대를 구성하는 서점에 가서 '왜 저 책 옆에 이 책을 놓았을까?' 생각해 봐도 좋다. 어떤 관점에서 매대를 구성했는지 상상해 보는 것이다. 그리고 다른 저자와 다른 장르의 책을 짜 맞추는 연습을 하다 보면 일상 생활에서 보고 경험한 일을 다양한 형태로 연결할 수 있는 능력이 생긴다.

더구나 책을 읽으면 책의 내용을 통해서도 자신에게 없는 관점을 배울 수 있다. 다른 입장을 가진 사람이나 다른 시대 또는 다른 나라 사람이 세계를 어떻게 보고 있는지, 그들의 다양한 입장을 받아들이는 것은 시점을 여러 각도로 바꿔 보는 훌륭한 훈련이 된다. 그리고 다시 책장을 보면 세계를 바라보는 눈이 점점 넓어지는 것을 느낄 수 있다.

좋은 기획이란 욕망에 부응하는 것이다

예상 밖의 것을 조합하는 능력은 좋은 기획을 세우는 데 중요한 요소다. 하지만 의외성을 갖추었다고 무조건 좋은 기획이 나오는 것은 아니다.

　2008년, 만화가 히로카네 겐시弘兼憲史의 작품에 등장하는 주인공 시마 고사쿠가 사장이 되었을 때 나는 산토리 맥주 프리미엄 몰츠로 건배하는 기자 회견을 개최하는 기획을 제안했다. 시마 고사쿠의 사장 취임을 맥주로 축하한다면 재미있는 이벤트가 되리라 생각했다. 맥주와 만화, 언뜻 보기에 전혀 관계없는 두 가지를 연결하여 새로운 홍보 전략을 세웠던 사례다.

하지만 이 기획은 만화 캐릭터에 기자 회견을 접목시켰다는 의외성 이외에도 또 다른 중요한 의미가 있었다. 낭시는 경기가 후퇴 국면으로 들어서 매일 적자, 도산 같은 어두운 뉴스뿐이었다. 그래서 여러 매체의 기자들 사이에 가끔은 기분 좋은 기사를 쓰고 싶다는 욕구가 팽배했다. 맥주 기자 회견 기획은 그런 욕구에 부응하고 싶다는 마음에서 시작되었다. 시마 고사쿠는 만화 캐릭터지만 엄청난 베스트셀러의 주인공으로 그야말로 '샐러리맨이 동경하는 존재'다. 그런 주인공이 사장이 된다는 이야기는 미디어에서도 좋은 뉴스로 받아들여질 것이라 예상했던 것이다.

광고뿐 아니라 다른 비즈니스에서도 기획의 본질은 같다. 욕망의 태동을 놓치지 않고, 발견한 욕망의 해결책을 찾는다면 좋은 기획으로 이어질 수 있다. 기획자는 새로운 욕망을 발견하는 전문가가 되어야 한다.

다만 사람의 욕망을 언어화하는 것은 쉬운 일이 아니

다. 욕망을 언어화하지 못하면 인터넷 검색만으로는 찾
아낼 수 없다.

욕망은 어떻게 발견할까?

이제는 지명도 높은 문학상으로 자리 잡은 '서점 대상'
은 사실 서점 직원의 불만에서 비롯되었다. 이전까지의
문학상은 대부분 저명한 문학인이 모여 수상작을 선정
했다. 그런데 서점 직원 중에는 "왜 그 책이 상을 받았
을까?"라며 선정 기준에 의문을 품는 사람이 많았다.

그저 일상적인 불평불만이었는지 모르지만 욕망 헌
터인 나에게 그 발언은 욕망의 발로로 보였다. '나라면
이 작품을 고르겠어', '저 작품을 팔고 싶어'라는 욕망
의 속내였던 것이다. '우리는 이 책을 팔고 싶다'는 서점
직원의 욕망을 발견했고 그 욕망에 대응하는 문학상을
만들었다. 그것이 서점 대상이라는 기획을 성공시킨 힘
이다. 서점 대상을 모방한 다른 문학상이 성공하지 못

한 이유는 욕망에 대응해 만들어지지 않았기 때문이다. 단순히 인기 있는 기획을 모방한 것일 뿐이다.

욕망의 발견은 말로 하면 어렵게 느껴지지만 길을 걷다가도 할 수 있는 평범한 일이다. '혼밥족'이라는 말을 예로 들어 보자. 혼자서 식사를 하고 술을 마시는 사람을 흔히 볼 수 있지만 그것을 사회적 현상으로 이어지는 욕구의 발로로 생각한 사람은 많지 않다. 거기에 '혼밥족'이라는 이름을 붙이는 순간 "단체 행동 같은 것은 귀찮아", "왜 늘 친구와 함께하지 않으면 안 돼?", "모임은 이제 됐어"라는 욕망을 가진 사람들의 존재가 드러나는 것이다. 이제 혼밥족의 욕망에 부응하는 요리 메뉴, 패키지 상품도 출시되고 있다.

매대는 욕망의 거울

서점은 욕망을 발견할 수 있는 최고의 장소다. 그리고 서점의 매대는 욕망을 반영하는 거울이다. 매대에 놓인 책은 그 시대가 요구하는 것, 지금 사람들이 알고 싶어 하는 것의 집합체다. 특히 소설, 논픽션, 실용서 같이 분야별로 나뉘어 있는 책장보다 다양한 장르가 섞여 있는 서점 입구의 매대를 주의 깊게 살펴볼 필요가 있다.

네이버, 구글 등 포털 사이트의 실시간 검색어도 사람의 욕망을 드러내지만 인터넷의 특성상 주로 순간적인 흥미를 담는다. 그 순간 좀 더 알고 싶다는 정도의 관심으로 만들어진 순위인 것이다. 실시간 검색어도 나름의 의미가 있기는 하지만 서점의 매대는 인터넷 검색으로 찾을 수 있는 정보보다 더 깊이 알고 싶어 하는 주제를 정리해 놓았다는 점에서 차이가 있다.

진보초에 위치한 회사를 다닐 때 나는 종종 근처에 있는 산세이도 쇼텐三省堂書店의 매대를 둘러보며 홍보 문구를 붙이는 훈련을 했다. 예를 들어 프리랜서, 지방 행정, 그리고 미국의 헤지 펀드와 관련한 세 권의 책이 놓여 있는 것을 보고 어떤 키워드로 묶을 수 있을지 예측해 보는 것이다. 이처럼 서점의 매대에서 동시대인의 마음을 읽는 훈련을 할 수 있다.

나는 이런 연습을 서점의 'KJ법'이라고 부른다. KJ법은 문화인류학자 가와키타 지로川喜多二郎가 고안한 아이디어 발상 기법이다. 다양한 조사로 수집한 정보를 모두 카드에 쓰고 그 카드를 그룹으로 분류해 가는 과정에서 새로운 깨달음이나 발견을 얻을 수 있다. 광고 회사에서도 KJ법을 기반으로 훈련을 시킨다. 가장 손쉬운 방법은 서점에 가서 한 권의 책을 한 장의 카드로 가정하고 분류하는 연습을 하는 것이다.

매대에 놓인 책은 서점에 따라서 큰 차이가 있다. 마루젠 마루노우치 본점은 직장인 대상의 도서, 아오야마 북센터는 크리에이터가 좋아할 만한 도서, 아유미 북스あゆみBOOKS 와세다점은 학생에게 필요한 도서를 주로 진열한다. 그때그때 필요에 따라 골라서 이용하면 된다.

기획에는 자본이 필요 없다. 눈에 보이는 모든 풍경

이 소재가 된다. 거기에서 얼만큼의 정보를 읽어 낼 수 있는가가 관건이다. 최근에는 게임 센터에서 노인들을 자주 볼 수 있다. 텅텅 비어 있던 평일 오후 시간의 영화관이 북적거리는 것에서 역시 고령화 사회를 체감할 수 있다. 이러한 광경을 보며 '오늘은 사람이 많네' 정도로 끝내지 말고 '그 이유는 무엇일까?'를 곰곰이 생각해 봐야 한다. 그 과정에서 노인을 대상으로 한 새로운 서비스의 아이디어가 떠오를지 모른다.

욕망 발견의 수단은 여러 가지가 있다. 지하철에서 옆에 앉은 사람의 이야기에 귀를 기울이거나 베스트셀러 순위를 살펴보는 것도 좋다. 무엇보다 서점은 일상에서 욕망을 발견할 수 있는 편리하고 효과적인 장소다.

이분자異分子를 모으자

예상 밖 이분자의 조합은 좋은 기획을 만들어 내는 요령이지만 원래 자신이 갖고 있는 지적 자본이 없으면 불가능하다. 이분자로 사용할 수 있는 지적 자본을 늘리기 위해서는 먼저 자신의 세계를 넓혀야 한다. 좀 더 구체적으로 말하면 '세계'는 정보이고, 세계를 넓히기 위해서는 자신이 알지 못하는 정보를 수집해야 한다. 즉 모르는 것을 알아 둘 필요가 있다.

책과 서점은 정보를 수집하는 데 있어 매우 효과적인 수단이다. 정보 수집에는 크게 두 종류가 있다. 목적을 가지고 수집하는 정보와 딱히 어디에 도움이 될지 모르지만 알아 두어야 할 정보이다. 후자는 새로운 세상을 보는 법부터 잡학까지 다양한 분야를 포함한다.

책의 효능은 대부분 후자에 해당한다. 목적 있는 정보 수집에는 인터넷이 편리하다는 것은 말할 필요도 없다. 원하는 키워드로 검색하면 정보를 한 눈에 살펴 볼 수 있다. 하지만 책은 그와 반대다. 읽을 당시에는 어떻게 도움이 될지 몰랐던 정보가 아이디어를 떠올리는 데 필요한 이분자가 되기도 한다.

그렇다고 인터넷과 책 중에서 어느 하나만 활용하라

는 뜻은 아니다. 양쪽 모두를 이용하는 것이 이상적이다. 다만 최근에는 목적형 인터넷 검색에 극단적으로 의존하는 경향이 있다. 그래서 나는 책에서 얻을 수 있는 '쓸데없는 지식'의 효용성을 계속 강조하는 것이다.

샛길로 빠지는 사고

어린 시절에 가까운 길도 괜히 멀리 돌아간 적이 있는가? 하굣길에 곧장 집으로 가기 아쉬워서 놀이터에 들르거나 집과는 정반대 방향에 있는 구멍가게에 갔다가 엄마에게 꾸중을 들은 경험이 누구라도 있을 것이다.

딴짓은 왜 이렇게 재미있을까? 목적지가 아니라 샛길로 빠지는 것이기 때문이다. 도중에 예기치 않은 것을 발견하거나 줍기도 한다. 그 과정 자체가 순수하게 즐거운 것이다. 대청소를 하다가 문득 옛날 앨범을 발견하면 청소는 아예 제쳐 두고 앨범을 들추어 볼 때가 있다. 그러한 감각에도 공통점이 있다. '쓸모없는 짐' 같은 정보를 많이 보유하고 있어야 아이디어 생산에 유용하다는 것이다.

책에서 발견하는 정보도 마찬가지다. 단편적이나마 도움이 되는 요령이 어느새 점점 쌓여 간다. 여분의 서랍을 가지고 있으면 생각지도 못한 멋진 일을 만날 수 있다. 그런 체험을 하는 것이 중요하다.

앞에서 소개한 것처럼 일반적으로 업무에 도움이 될 리가 없다고 생각한 갸루 마마 잡지 정보가 의외의 비즈니스로 이어지기도 한다. 목적이나 답변을 얻기 위해 일직선으로 가지 않고 우회하는 과정에서 사고력이 깊어진다. 기획력뿐 아니라 대화와 글쓰기 능력을 높이는 데도 도움이 된다. 일부러 답을 찾지 않는 용기가 필요하다. 목적을 가지고 찾은 것만으로는 참신한 기획이 나올 수 없다. 그것은 누구라도 할 수 있다.

책은 샛길로 빠지는 통로다. 바로 답이 나오지도 않고 막상 읽어 보니 전혀 다른 내용일 수도 있다. 하지만 독서는 당장 쓸모없어도 괜찮다. 오히려 그것이야 말로 독서의 가치라 할 수 있다. 물론 비즈니스 세계에서는 마감이나 예산이 정해져 있다. 신속성과 효율성을 요구하는 세계다. 그래서 샛길로 빠지는 행동은 좋지 않다는 인식에 갇혀 있는지도 모른다. 나는 샛길로 빠지는 사고가 얼마나 중요한지를 강조하고 싶다. 마음껏 샛길로 들어가 쓸모를 알 수 없지만 흥미로운 경험을 하기를 바란다.

독서는 여행이다

여기저기 샛길로 빠지면서 쓸데없는 정보를 수집하는 데 독서만큼 좋은 것은 없다. 독서는 목적지를 정하지 않고 떠나는 여행과 같다.

여행이란 일상에서 벗어나 다른 장소에 가는 행위다. 미리 스케줄을 상세히 정하고 갈 수도 있지만 좀 더 느슨하게 계획 없이 떠날 수도 있다. 목적지나 여행 기간을 정해 놓더라도 여행 과정에서 예상 밖의 다양한 일이 일어난다. 눈보라에 기차가 멈출지도 모르고 찾아간 식당의 음식 맛이 좋을지 나쁠지 알 수 없다. 우연히 운명적인 만남이 이루어질 수도 있고 상상치 못한 사건에 휘말릴 위험도 있다. 하물며 목적지나 여행 기간을 정하지 않은 여행은 한층 더 예측할 수 없는 일투성이다. 그렇게 정해지지 않은 경험을 할 수 있다는 점이 여행의 핵심 가치다.

우리는 왜 여행을 할까? 이 질문은 '우리는 왜 독서를 할까?'라는 질문과 닮았다. 최종 목적지가 같아도 명확히 해내야 하는 업무를 위해 떠나는 출장과 도중에 차에서 내리기도 하고 주변을 둘러보면서 가는 여행은 전혀 다르다. 정보 수집을 할 때도 목적에 도달하기 위해서라면 검색이 빠르고 효율적이다. 독서의 경우는 집어든 책 속에 필요한 정보가 들어 있지 않을 수도 있다. 소설은 원래 목적지가 어디인지조차 알 수 없다.

예정에 없던 경험을 헤쳐 나가는 여행은 사람을 성장시킨다. 마찬가지로 독서는 다른 시대, 다른 나라, 다른 인물을 동시에 경험할 수 있다. 다시 말해 궁극의 여행이다. 목적도 성과도 정해지지 않은 경험을 하러 나서야만 자신이 알지 못하는 것에 도달할 수 있다. 그러므로 여행을 하듯이 오늘도 독서를 하는 것이다.

영화 감독 가쓰 신타로勝新太郎는 영화를 촬영할 때 배우에게 대본을 읽히지 않고 연기를 시킨다. 대본을 읽으면 배우가 결말을 알게 되어 좋은 연기가 나오지 않는다고 생각하기에 기본적인 상황만 알려준 채 촬영을 시작한다. 배우에게는 '너는 형사이고 지금까지 이러저러한 일들이 있었다' 같은 기본 정보만 준다. 그야말로 독서와 유사한 영화 촬영 기법이라 할 수 있다.

안다는 것에는 두 종류가 있다

독서를 하며 우리는 다양한 정보를 알 수 있다. 그런데 안다는 것은 무엇일까? '알고 싶은 것을 아는 것'과 '알지 못했던 것을 아는 것' 두 가지로 구분할 수 있다. 좀 더 구체적으로 설명해 보자.

마다가스카르라는 나라를 알고 싶을 때 우선 인터넷 검색 사이트에 마다가스카르를 입력하면 인구, 면적 등의 기본 정보를 바로 확인할 수 있다. 마다가스카르의 풍경 사진도 찾아볼 수 있다. 이것이 알고 싶었던 것을 알게 된다는 뜻이다. 반대로 알지 못했던 것을 아는 것은 제3장의 마지막 부분에서 언급한 '매운 명란젓은 미켈란젤로로 인해 탄생했다' 같은 종류다. 명란젓을 조사한 것도, 미켈란젤로를 조사한 것도 아니다. 몇 권의 책을 읽고 얻은 각기 다른 지식이 우연히 연결된 경우다. 인터넷 검색으로는 얻을 수 없는 '창조적 도약'이 발생한 것이다.

물론 검색 역시 능숙해지면 다양한 주변 정보를 얻을 수 있다. 마다가스카르를 검색하면 바닐라빈의 세계적인 생산지이고 여우원숭이와 바오밥나무의 서식지라는 사실을 알 수 있다. 그리고 바오밥나무를 연결 고리로 생텍쥐페리의 소설 『어린 왕자』로 이어진다. 하지만 독서로 얻을 수 있는 정보만큼의 도약은 어렵다. 검색은 하나의 키워드를 중심으로 옆으로 이동하며 정보를 확장할 수 있지만 예상 밖의 가치를 만날 수는 없다.

최근에는 안다는 것의 의미를 '알고 싶었던 것을 아는 것'에 한정해 이해하는 경우가 많다. 검색으로는 '알지 못하는 것을 모른다'는 사실을 깨달을 수 없다. 검색은 '본 적이 있는 것'만 발견하게 해 준다. 알고자 하는 것만 배운다면 자신의 세계를 넓힐 수 없다. 알지 못하는 것을 알려고조차 하지 않기 때문이다.

검색과 독서로 발견한 것의 차이

그럼 알지 못하는 것을 알기 위해서는 어떻게 해야 할까? 알지 못하는 세계로 나를 강제로 데려다 줄 우연한 만남을 늘려야 한다. 여행과 독서가 대표적인 방법이다.

검색 지상주의자는 세상의 모든 정보를 검색으로 찾을 수 있다고 주장한다. 하지만 나에게 검색은 극도로 힘겨운 작업이다. 검색은 자신의 자유의지에 따른 것이므로 내가 관심 있는 것 이외에는 찾으려 하지 않는다. 상당한 노력을 기울이지 않는 한 무리한 일이다.

검색으로 정보를 찾는 것은 석유 채굴과 비슷하다. 어림짐작으로 석유 채굴을 시작하는 사람은 없다. 석유라는 분명한 목적에 맞춰 지층을 조사한 후 석유가 나올 가능성이 있는 곳을 착굴한다. 한편 독서는 아이들의 모래 놀이에 가깝다. 어떤 특정한 목적은 없지만 일단 삽으로 모래를 뒤집어 파 본다. 무언가 나오면 좋고 아니라도 상관없는 정도의 마음이다. 무언가를 찾으려 하기보다는 모래를 파는 행위 자체를 즐기는 것이다.

동물에 비유하면 검색은 개, 독서는 고양이라고 할 수 있다. 즉 검색은 영리한 강아지처럼 "여기를 파 보세요. 멍멍"하며 찾고 있는 것이 어디 있는지를 알려 준다. 오늘날 구글은 최강의 검색견이라 해도 과언이 아니다. 하지만 고양이는 근처를 어슬렁거리며 먹이인지

쓰레기인지 알 수 없는 것을 보이는 대로 주워 온다. 결코 찾으려던 것은 아니지만 예상 밖의 물건을 가지고 오기도 한다. 모래 놀이나 고양이의 습성은 능동적으로 무언가 찾으려고 할 때는 적당하지 않다. 무엇이 나올지 알 수 없기 때문이다. 자신의 뜻대로 움직일 수 없는 수동적인 위치에서 정보를 만나게 된다.

어떻게 정보를 우연히 만날 수 있을까?

정보 수집 방법을 우연성을 기준으로 분류하면 이해하기 쉽다. 우연히 정보를 얻게 될 가능성이 가장 낮은 것은 검색이다. 검색은 키워드를 자유롭게 선택할 수 있고 검색 정보의 정확도가 점점 높아지고 있으므로 원하는 정보를 쉽게 찾을 수 있다. 찾고 싶은 것을 확실하게 찾을 수 있다는 말이다.

트위터나 페이스북 같은 SNS는 누구를 팔로우할지 선택할 수 있지만 그들이 어떤 정보를 올릴지는 알 수 없다. 그러므로 검색보다는 우연한 정보를 만날 가능성이 높다. 텔레비전도 마찬가지다. 맛집을 소개하는 방송 프로그램에서 아야세 역 근처의 빵집 정보를 보면 직접 찾아가고 싶어진다. 하지만 아야세 역에 어떤 연고도 없는 사람이 검색으로 그 빵집을 찾을 확률은 지극히 낮다.

반면 여행은 목적지 이외에는 뜻대로 할 수 없는 경우가 많다. 행선지를 미리 알리지 않는 미스터리 투어라면 완전히 통제불능이다. 강제로 여행지에 끌려가는 느낌이다. 무엇을 만날지는 우연에 맡길 수밖에 없다.

독서는 SNS와 여행의 중간에 위치한다. 책의 저자나 주제는 선택할 수 있으나 속에 무엇이 쓰여 있는지는 읽기 전까지 알 수 없다.

회의와 회식을 비교해 보자. 회의는 목적이 있으므로 무언가를 결정할 때는 효율적이다. 하지만 예상 밖의 아이디어가 나오는 경우는 거의 없다. 오히려 회의에서 예상 밖의 일이 발생하는 회사는 운영에 문제가 있는지도 모른다. 회식은 원래 목적이 없기 때문에 대화의 내용도 자유롭다. 하지만 거기에 당신이 기획서를 쓰는 데 필요한 정보가 굴러다닐지도 모른다. 자주 하는 말이지만 나도 술을 마실 때 좋은 기획이 떠오르곤 한다.

보다 확실하게 정보를 얻을 수 있는 방법을 중시한다면 검색을 이길 수 있는 것은 없다. 하지만 실은 그것이 함정이다. 당신은 의식적으로 정보를 취사선택하고 있다고 생각하지만 사실 이미 알고 있는 세계밖에 보고 있지 않기 때문이다. 손오공이 석가모니의 손바닥에서 벗어날 수 없는 모양새다.

통제할 수 있는 세계의 정보만으로는 좀처럼 재미있는 아이디어로 이어지지 않는다. 누구나 조사할 수 있는 정보이니 어쩌면 당연한 일일 것이다. 우리가 결정할 수 없는 우연한 만남이야 말로 좋은 정보가 있는 곳이다.

지식의 세계를 넓히는 방법

소크라테스가 말하는 '무지無知의 지知'는 자신이 아무 것도 모른다는 것을 아는 것이다. 아직 모르는 것이 많이 있다고 생각하는 사람일수록 성장할 수 있다. 자신의 세계를 넓혀 가는 노력이야말로 아이디어의 원천이다.

하지만 인간은 그다지 강하지 않다. 좀 더 알아야 한다는 의무감이 어느 순간 짐처럼 느껴지게 된다. 그러므로 검색으로 지식을 넓히는 것은 한계가 있다. 알지 못하는 세계로 들어가기 위해서는 다소 강제적으로 데려가 주는 방법을 사용하는 것이 좋다. 우연한 만남을 기대하며 여행을 떠나거나 제멋대로인 상대와 사귀어 볼 수도 있다. 불합리한 상사의 명령에 따르는 것은 그야말로 강제적 방법이다.

강제적이라 해도 어느 날 갑자기 납치되어 모르는 나라로 끌려간다면 정말이지 곤란하다. 제멋대로인 상대에게 휘둘리는 것도 매일 반복되면 피곤해진다. 따라서 적당한 강제성을 부여하는 방법으로 서점에 가서 책을 읽는 것이다. 자신이 알지 못했던 욕망을 자극해 충족시켜 주는 만족감은 다른 곳에서는 도무지 얻을 수 없다.

물론 인터넷에서도 강제적으로 새로운 세계를 만날 수 있다. 저널리스트 쓰다 다이스케는 트위터에서 우선 300명을 팔로우하라고 제안한다. 친구 또는 관심 있는 유명 인사만으로는 대개 300명을 채우기 쉽지 않다. 결국 자신의 흥미 범위 외의 정보를 살펴보게 된다. 의도적으로 쓸모없는 요소를 포함시키는 것이다. 새로운 세계로 가기 위해서는 모든 것을 통제하려는 생각을 버리고 내맡기는 용기가 필요하다.

그리스 철학자 데모크리토스가 "만물은 원자다"라고 주장한 이래 우리는 모든 물질이 원자에서 생겨난다고 믿었다. 하지만 최근의 연구로 우리가 알고 있는 원자는 우주 전체의 5퍼센트에 불과하다는 사실이 밝혀졌다. 나머지는 암흑 물질 또는 암흑 에너지라 불리는 미지의 요소로 구성되어 있다.

암흑 물질이 무엇인지 몰라도 살아가는 데 아무런 지장이 없다. 하지만 알고 있는 편이 조금 더 즐겁지 않을까? '모든 것이 원자로 되어 있다'는 믿음을 벗어나지 못하면 영원히 암흑 물질을 발견할 수 없다. 그러므로 지금 알고 있는 원자의 세계 바깥쪽으로 빠져나가 볼 필요가 있다. 검색 의존적인 사고로는 '녹차와 팥이 들어간 스파게티'를 만들 수 없다. 지금까지의 상식적인 스파게티의 세계에서 빠져나올 수 없기 때문이다. 독서 지향적 사고에서 탄생하는 창조적 도약만이 전혀 새로운 아이디어를 만들어 낸다.

그러니 책을 버리지 마라. 그리고 서점에 가라. 거기서 떠오른 아이디어는 인생을 즐겁게 해 줄 것이다.

서점에
가야하는
이유 04

Q 창의적인 아이디어를 내는 데 서점이 도움이 되나요?

A 아이디어는 평범한 정보에서 상상하지 못한 조합을 만들어 내는 데서 시작합니다. 서점에서 얻은 엉뚱하고 쓸모없는 정보는 그런 의외의 조합을 만드는 요소가 됩니다. 서점은 정보를 보고 분석하는 관점을 훈련할 수 있는 최적의 장소입니다.

Q 기획과 독서는 어떤 관계가 있을까요?

A 예상 밖의 조합이 가능하려면 우선 다양한 지식 자본을 늘려야 합니다. 독서는 자신의 세계를 넓히는 효과적인 수단입니다. 목적에 따른 정보 수집이 아니라 '샛길로

빠지는' 독서를 통해서 다른 시대와 나라를 경험할 수 있습니다. 미처 알지 못했던 정보와의 우연한 만남이 창조적 도약으로 이어집니다.

Q 어떻게 정보를 우연히 만날 수 있을까요?

A 지금까지의 상식적인 세계에서 빠져나와야 합니다. 알지 못하는 세계로 들어가기 위한 가장 손쉬운 방법은 독서입니다. 독서로 만난 '미처 알지 못했던 세계'는 우리 인생을 즐겁게 만들어 줍니다.

제 5 장

새로운
서점의 형태를
제안하다

왜 B&B를 만들었는가?

나는 B&B라는 서점을 운영하고 있다. 우리 서점의 가장 큰 특징은 서점 안에서 맥주를 판매한다는 것과 매일 토크쇼 같은 이벤트를 개최한다는 것이다. B&B는 북 큐레이터 우치누마 신타로內沼晉太郎와 함께 만든 서점이다. 애초에 왜 B&B를 만들게 되었는가를 두고 어쩌면 우치누마와 나는 전혀 의견이 다를 수도 있는데, 여기서는 나의 생각을 말해 보려 한다(우치누마의 의견은 맨 뒤의 대담 참조).

원래 서점에 가는 것을 좋아하는 나는 잡지 편집과 서점 대상에 관여하기도 하면서 언젠가는 서점을 직접 운영해 보고 싶다고 생각했다. 우치누마와 함께하기로 결정한 이유는 서점에 대한 생각이나 감각이 나와 닮았기 때문이다.

서점을 좋아하는 사람 중에는 책은 종이에 인쇄된 것이 아니면 인정 못한다는 사람도 많지만 우리는 그렇게 생각하지 않는다. 내가 편집장을 맡고 있는 잡지 『리버틴즈*Libertines*』(2010년 5월 오타 출판사에서 창간된 컬처 매거진_옮긴이)에서 전자책 특집 기사를 준비할 때 우치누마에게 편집을 의뢰한 것이 인연이 되었다. 우리 둘 다 책과 서점을 좋아한다는 사실은 말할 것도 없지만 당시 우치누마는 전자책을 자유자재로 활용하고 있었다. 책을 해체해서 킨들에 넣어 다니기도 했다. 나도 디지털 컨텐츠를 많이 만들고 온라인 광고와 도쿄 인터렉티브 광고 어워드Interactive Ad Awards(2002년에 창설된, 인터넷 상의 미디어와 툴을 활용한 광고 커뮤니케이션을 대상으로 창조

성과 기술을 평가하는 광고상_옮긴이)의 심사위원도 맡고 있었다. 디지털이든 종이든 상관 없이 상황에 맞는 형식과 정보를 추구한다는 점에서 우리는 닮아 있었다.

즉 우리는 서점을 선호하더라도 전자책을 배척하거나 종이책이 없어지면 출판계는 살아남지 못한다고 생각하는 사람과는 다르게 양쪽 모두를 인정하는 의견을 갖고 있다. 각각의 장점을 제대로 알고 있으므로 어느 쪽이든 상황에 맞는 것을 활용하는 편이다.

동네 서점을 고집하다

일부 대형 서점은 신규 매장을 내고 있지만 중소 규모의 서점은 점차 줄어드는 현실이다. 중소 규모 서점은 다른 서점이나 온라인 서점과 차별화를 두기 어렵기 때문이다.

준쿠도 쇼텐ジュンク堂書店 같은 대형 서점은 출간된 거의 모든 책을 총망라한다는 장점이 있다. 따라서 다양

한 방식으로 책을 진열하고 소개할 수 있다. 하지만 역 앞의 작은 서점이 그런 방식을 따라 하기에는 무리가 있다. 판매를 고려하다 보면 베스트셀러와 잡지가 중심이 되고 마는 것이다. 결국 어느 서점을 가든지 비슷비슷한 책이 놓여 있는 안타까운 상황이 벌어진다.

이런 상황에서 동네 서점을 시작하고자 결심한 후 우선 '서점의 장점이 무엇인지'를 파악하기 위해 애썼다. 그리고 의도적으로 장점을 강조해 나가지 않으면 안 된다고 생각했다. 우치누마 역시 이러한 생각을 공유했다.

그렇다면 왜 동네 서점을 고집했을까? 서점은 '일부러 찾아가야 하는 곳'이 되어서는 안 된다고 생각했기 때문이다. 서점은 일상 속에 있어야 하는 장소다. 예상 밖의 정보를 만날 수 있고 일상을 풍요롭게 할 수 있는 곳이 생활권 안에 있다는 것은 매우 행복한 일이다. 저녁거리를 사러 나온 김에 SF 소설을 사거나 술을 마시러 가기 전에 시간이 남아서 들른 서점에서 iPS 세포를 다룬 과학책을 살 수 있다. 예상 밖의 만남이 가능하고 자신도 몰랐던 욕망을 찾을 수 있는 공간이 일상 속에 있기를 바란다. 목적이나 용도를 이미 알고 있는 검색 같은 만남뿐 아니라 예상 밖의 만남이 일어나는 서점이라는 장소는 그만큼 중요하다.

이렇게 생각하면 시내에 있는 규모가 큰 서점을 일부러 찾아가기보다 살고 있는 동네나 출퇴근 길에 있는 서점을 자주 가는 편이 바람직하다. 하지만 앞에서 말했듯이 동네 서점을 유지하기는 쉽지 않다. 그런 현실에 도전해 보고 싶은 마음에 '미래의 동네 서점'이라는 방향으로 B&B를 시작했다.

B&B가 있는 도쿄의 시모기타자와 지역은 우리가 추구하는 컨셉과 잘 어울리는 동네이다. 학생, 직장인, 술을 마시러 오는 사람, 연극을 보러 오는 사람, 옷을 사러 오는 사람 등 다양한 사람이 모여 든다. 그들이 볼 일을 보러 온 김에 들를 수 있는 장소가 되기를 바란다. 약속 시간이 남아서 책을 둘러보다가 우연히 흥미로운 책을 발견할 수도 있다. 개인적으로는 내가 매일 갈 수 있는

위치라는 점도 시모기타자와를 선택한 이유였다. 서점의 방향성을 제시하고 마는 것이 아니라 내가 매일 책을 고르고 진열할 수 있다는 것은 무척 중요한 부분이다.

목표는 서점의 새로운 롤 모델

B&B는 문화 상품을 모아 놓은 편집숍이라는 오해를 자주 받는데 그런 의도는 전혀 없다. 오히려 기본 도서를 상당히 많이 구비해 놓았다. 국내 문학과 해외 문학이 있고 자연과학, 논픽션에서 만화까지 아우른다. 직접 엄선한 명저와 최신 베스트셀러, 만화나 잡지도 균형을 맞춰 두려 한다. 어떤 특별한 고집으로 디자인이 멋진 책만 진열한다든가 잘 팔리는 책을 거부하려는 생각은 없다. 서브컬처에 특화된 서점으로 알려지는 것도 좋은 방법이지만 우리가 하고 싶은 서점은 방향이 다르다. 일상에서 5분 정도의 자투리 시간에도 갈 수 있는 서점, 매일 들를 수 있는 장소를 만들고 싶다.

또한 동네 서점이 살아남기 힘든 현실에서 B&B가 롤 모델이 되면 좋겠다는 마음도 있다. 그렇다고 우리가 책이나 서점을 잘 알아서 서점을 시작한 것은 결코 아니다. 나와 우치누마는 기본적으로 서점을 운영하는 데 있어서는 완전히 초보라는 점을 분명히 자각하고 있다. 그래서 '맥주를 마시면서 책을 고르고 싶다'는 발상이 가능했는지도 모른다(B&B는 일본 최초로 맥주와 책을 함께 팔기 시작한 서점이다_옮긴이).

보통 책과 맥주를 함께 판매하는 것은 당찮은 일로 치부되기 마련이다. 책이 상할 수도 있는 데다 '왜 서점 직원이 책을 진열하고 판매하는 업무 이외에 맥주 따르는 법을 배우고 맥주 기계 청소까지 해야 하지?' 하는 불만이 생길 수도 있다.

하지만 초보자 입장에서 말하자면, 술을 마시고 난 후에 서점에 가면 뭔가 어른스러운 쇼핑을 하는 기분이 든다. 그래서 생각지도 않게 많은 책을 사 버리곤 한다. 이런 일이 많이 일어나기를 바랐다. 또한 요즘 여러 곳에서 강연이나 토크쇼를 하고 있지만 강연자의 이야기를 듣다 보면 책을 사고 싶어진다. 그러므로 서점에서 매일 강연을 하면 일석이조일 것이라고 생각했다. 그런 초보적인 욕망을 전부 이룰 수 없어도 현실적으로 가능한 것부터 하나씩 해보고 싶었다.

다만 음료를 함께 판매한다고 해서 북 카페를 하고 싶은 것은 아니다. 북 카페는 서점과 카페 직원을 별도로 고용하는 경우가 많지만 B&B에서는 직원이 맥주 판매도 함께 담당한다. 맥주를 마시면 책을 사고 싶어진다는 흐름이므로 맥주를 판매하는 것도, 이벤트를 하는 것도 모두 책을 팔기 위한 기업적 노력이다. 따라서 서점 직원이 모든 일을 꿰뚫고 있어야 한다고 생각한다.

현재 시점에서 책을 파는 것만으로는 가게를 꾸려 나갈 수 없으므로 수익을 높이려는 측면도 당연히 있다. 서점의 수익만으로는 유지하지 못하는 부분을 맥주나 이벤트로 얻은 수익이 채워 준다. 물론 서점을 운영하는 이상 서점 직원으로서의 기본 지식이나 기술이 무엇보다 중요하다. 하지만 서점 업무만 한다면 기존 서점의 한계를 넘을 수 없다. B&B는 나와 우치누마 같은 초보자가 하고 싶은 대로 현실과 맞서 싸우는 장소다.

Q 왜 동네서점이 중요한가요?

A 서점은 일부러 찾아가지 않아도 일상에서 쉽게 들를 수 있는 장소여야 한다는 믿음 때문입니다. 원할 때마다 가볍게 가서 의외의 정보를 만날 수 있어야 합니다. 쇼핑을 하거나 저녁을 먹으러 나오는 김에 들를 수 있는 동네 서점은 우리 삶을 풍요롭게 해 줍니다.

Q B&B는 어떤 서점인가요?

A B&B는 '맥주를 마시며 책을 고른다'는 발상에서 시작한 서점입니다. 기존 서점의 한계를 넘어서는 새로운 시도를 통해서 '미래의 동네 서점'에 대한 비전을 만들어 가는 곳입니다.

대담

B&B가
목표하는 것

우치누마 신타로
—
누마북스 대표이자 서점 B&B의 공동 프로듀서.
히토츠바시 대학 경영학과를 졸업했다. 북 큐레이터, 북 코디
네이터, 크리에이티브 디렉터로서 도서 판매와 도서관 기획,
책 관련 프로젝트 기획과 상품 제작, 서점과 출판사 컨설팅,
전자책 기획 등 다양한 활동을 이어가고 있다.

B&B를 열기까지

시마   먼저 B&B를 만든 이야기부터 시작하겠습니다. B&B는 언제 문을 열었죠?

우치누마   2012년 7월 10일 프리 오픈했고 개점일은 20일이었죠. 7월 10일부터 14일까지 잡지 『카사 브루투스*Casa Brutus*』와 컬래버레이션으로 이벤트를 했습니다.

시마   설립 준비는 2011년 연말쯤부터 시작했죠.

우치누마   그렇죠. "한번 해 볼까?" 하는 분위기로 시작되었죠.

시마 『브루투스』에서 서점 특집을 준비하며 전국의 서점을 돌아본 것이 계기였습니다. 이동통신 서비스 브랜드 au의 전자책 리더 기기 광고를 진행하며 전자책을 판매하는 비즈니스에 참여했던 것도 있었고요. 지조 없이 다양한 일을 한 것이 오히려 다행이었죠. '디지털도 좋지만 그래도 종이가 더 좋네'라는 생각이 들었거든요.

그래서 종이책을 고집하기보다는 '편하게 읽을 수 있다면 뭐든 좋다'는 일반인에 가까운 감각이었습니다. 우리 둘 다 일상에 책이 있다는 것은 매우 멋진 일이라고 생각하고 있었으니까요.

그런데 『브루투스』의 서점 특집을 하면서 좋은 서점은 너무 많지만 거리가 멀다는 점을 알 수 있었어요. 지하철역 앞 같은 데 서점이 없는 것이 아쉽기도 했고, 통근이나 통학, 쇼핑을 하는 길에 갈 수 있는 서점이 있다면 좋겠다고 생각했습니다. 그것이 이 사람과 서점을 같이 해도 좋겠다고 생각한 이유였어요. 우치누마 씨는 어떤가요?

우치누마 이전에 책에도 쓴 적이 있습니다만 언젠가는 서점을 해 보고 싶다고 생각했어요. 단지 이렇게 빨리 이뤄질 줄은 정말 상상하지도 못했죠.

저 역시 『브루투스』의 서점 특집을 준비하며 재미있는 동네 서점 정보를 수집하다 보니 조금 다른 서점을 시도해 볼 수 있지 않을까 생각했어요. 동네 서점이 제대로 운영되는 모델을 만들고 싶다는 생각이 들었을 때 "서점을 같이 해 보지 않을래?"라는 이야기로 흘러갔죠.

시마 씨와는 지금까지 여러 일을 즐겁게 했던 경험이 있어서 큰 고민 없이 함께하기로 결정했습니다.

시마 예전에 돗판인쇄凸版印刷(일본의 인쇄 및 출판업체_옮긴이)의 '서점을 걷는 법'이라는 웹사이트에서 '이런 서점을 만들고 싶다'는 주제로 함께 대담도 했었죠?

우치누마 맞습니다. 그랬어요.

시마 실제로 서점을 해 보니 그때 너무 무책임한 말을 했다는 생각이 들어요.

우치누마 정말 그래요. 하지만 당시 이미 "서점에서 맥주를 마실 수 있으면 좋겠다"는 이야기가 나왔죠. '미래의 서점에 대한 아이디어'를 주제로 정말 생각나는 대로 대화를 나눴어요.

시마 좋아하는 장르나 좋아하는 책의 제목을 써넣은 앞치마를 만들어 팔자는 이야기도 하고요.

우치누마 그랬죠. 그 후 술자리에서 시마 씨가 "서점을 해 보지 않을래?"라고 제안했고 저도 바로 동의했죠.

시마 술김이긴 했어도 각오는 하셨죠?

우치누마 각오는 했지만 시마 씨가 서점을 해 보자는 말에 '아, 하는구나'하는 기분도 있었어요. 저도 프리랜서이므로 걸릴 게 없었고 비교적 가볍게 흐름을 타는 성격이기도 하고요. '지금이야말로 서점을 할 타이밍이구나'하고 생각했습니다. 지금은 아직 때가 아니라는 고지식한 말을 할 처지가 아니었죠.

시마 지금은 아직 때가 아니라는 말은 확실히 고지식한 말이군요. (웃음)

우치누마 "좀 더 준비를 해서"와 같은 말은 요즘 시대에 어울리지 않죠. 그래서 '하기로 결심했으니 시작해 보자'라는 마음으로 바로 가게를 알아봤습니다.

시모기타자와를 선택한 이유

시마 동네 서점을 하기로 정한 이상 터미널이나 야마노테선 같은 도쿄의 중심부가 아니라 외곽 노선이 있는 곳이 좋겠다고 생각했어요. 처음에는 아사쿠사 쪽도 고려했어요.

우치누마 그랬죠.

시마 아사쿠사 주변에 서점이 그다지 없었기 때문이에요. 하지만 완전한 공백 지대를 선택하는 것은 어쩐지 '아니다' 싶었어요. 그래서 요요기하치만 같은 오다큐선 노선을 따라 조금씩 찾아보다가 시모기타자와역 남쪽 출구에서 도보 1분 거리의 장소를 찾게 되었습니다. 잡다한 가게가 들어선 건물의 2층이었는데 임대

료도 적당했죠.

우치누마 아사쿠사도 괜찮았지만 서점은 매일 상품을 바꿔야 하는 곳이라서 매일 출근해야 하는데 아사쿠사는 좀 멀다고 생각했어요. 저랑 시마 씨의 직장이나 집의 행동 범위 내에 쉽게 갈 수 있는 장소가 아니면 어렵다고 생각하던 중에 발견한 곳이 시모기타자와였죠.

시마 그곳을 발견한 것이 2012년 봄이에요.

우치누마 네, 2월이나 3월쯤이었어요. 고깃집이던 곳이 법률사무소로 바뀌었다가 그 뒤로는 비어 있었죠.

시마 음료를 팔 생각이었으므로 음식점을 했다는 부분이 매우 매력적이었어요. 수도를 사용할 수 있으니까요. 콘크리트 뼈대 상태로 임대해서 거의 손대지 않았어요.

우치누마 맞아요. 카운터와 화장실, 조리실 정도만 만들었죠. 처음에는 제대로 식당 설비를 갖춘 곳이 좋겠다는 생각에 원래 음식점이던 매물을 알아봤어요. 결과적으로는 너무 음식점 분위기가 나는 곳보다 지금의 장소가 더 마음에 들지만요.

시마 　　카페 분위기면 아무래도 좀 어울리지 않아요. 서점에서 카페를 하고 싶은 것이 아니니까요.

우치누마 　맞습니다. 카페나 술집의 느낌이 남아 있는 곳은 원하지 않았어요. 직원을 모집해서 벽을 칠하고 마루를 손질하는 일을 모두 함께했죠.

가구도 파는 서점

시마 　　B&B의 책장이나 테이블은 단순한 인테리어가 아니라 판매용이기도 합니다. 이것은 누구의 아이디어였죠?

우치누마 　제가 낸 아이디어로 기억합니다. 인테리어에 사용할 예산이 많지 않았기 때문에 두 가지 옵션이 있었어요. 하나는 인테리어 업체에게 사정을 설명하고 예산 안에서 책장을 전부 제작하는 것이었죠. 하지만 실현 가능성이 낮았어요.

예전에 시마 씨가 공동 편집장으로 활동한 잡지 『리버틴즈』에서 메구로에 있는 중고 가구점 '콘트라스트'를 방문하는 기획이 있었습니다. 그곳은 제가 우연한 기회에 스피커를 산 적이 있고 시마 씨도 소파를 샀던 가게였어요. 그런 인연으로 가구점과 컬래버레이션을 해서 서점에서 가구를 판매하자는 제안을 할 수 있었어요. 저희는 책장이나 테이블 구입비를 절약할 수 있고 가구점은 판매 통로를 넓히는 효과가 있지 않을까 생각했습니다. 말이라도 해 보자는 심정으로 말씀 드렸더니 흔쾌히 승낙해서 진행하게 되었습니다.

시마　　좀 과장해서 말하면 가구의 새로운 판매 방법을 고안한 것이군요.

우치누마　맞습니다. 그때 새 제품을 판매하는 가구점에도 제안했지만 대부분 수락할 수 없다는 반응이었어요. 선택의 여지 없이 중고 가구점으로 하게 된 거죠. 그래서 저희 서점 안에 있는 책장은 전부 다 다릅니다.

시마　　오히려 그게 더 잘 된 일이었어요.

우치누마 하지만 좋은 가구점과 이야기가 잘 되었다면 새 제품인 책장에 책을 진열할 수 있었을지도 몰라요. 쇼룸 같은 느낌으로 모두 다른 디자인의 책장을 사용하는 거죠. 단지 책장의 종류가 그렇게 다양하지 않을 테니 불가능했을지도 모르지만요.

시마 실제로 사용하는 모습을 볼 수 있다는 점은 책장을 구입하려는 사람에게도 도움이 되겠죠.

우치누마 그렇습니다. 책장은 책을 꽂아서 사용하는 물건인데 가구점에서는 책을 넣어 두는 경우가 거의 없으니까요. 모형 책이나 DVD가 꽂혀 있거나 하죠. 저는 그게 너무 마음에 안 들어요. 어떨 때는 살짝 화가 나기도 합니다. (웃음) 예전부터 '그럴 거면 책을 넣어 판매하면 좋지 않을까?'라고 생각했습니다. 아마도 가구점에서 책을 팔아도 좋겠다는 생각을 하게 된 계기일 거예요.

신규 진입이 어려운 업계

시마　　서점의 장소와 인테리어가 정해진 다음에는 책을 어떻게 매입할지가 문제였습니다. 책의 매입은 도매회사를 통하든지 출판사와 직접 거래를 해야 하는데 결과적으로 B&B는 도매를 이용하기로 했습니다. 통상적인 서점과 같은 방법이죠. 일반적인 방법으로 작은 동네 서점을 제대로 꾸려나갈 수 있으면 좋겠다고 바랐습니다.

우치누마　맞습니다. 실은 신간 서점은 신규 진입이 거의 없습니다. 기본적으로 새로 점포를 개점하는 곳은 전부 체인점뿐이고, 폐점이 되는 경우는 체인점보다 동네 서점이 훨씬 많은 상황이에요. 최근 몇 년간 계속되는 현상이죠.

　예전에 서점은 안정적인 비즈니스로 인정받았어요. 그래서 건물을 소유하고 있는 사람이 1층에 서점을 운영하곤 했습니다. 책은 안 팔리면 반품할 수 있고 매출도 안정적이었으니까요. 리스크가 적다는 이유로 동네 서점이 많이 생겼죠. 하지만 운영이 힘들어지면서부터 서점을 해도 돈을 벌 수 없으니 새롭게 서점을 시작하는 사람이 없어졌어요. 게다가 젊은 사람들이 해 보려고 해도 초기 투자비용 문제 등 여러 난관이 있죠.

우리는 인터넷 서점도 대형 서점도 좋아하지만 동네 서점이 없어지기를 바라지 않았습니다. 그래서 기존의 시스템으로 동네 서점이 성공하는 모델을 만들어 보자고 결심했죠.

그러기 위해서 이른바 도매를 통하는 구조를 받아들였습니다. 물론 기존 시스템에서 완전히 벗어나 출판사와 직접 거래를 하거나 중고 서적을 취급하는 방법도 얼마든지 가능했습니다. 하지만 우리가 하려고 하는 동네 서점의 모습은 아니었죠.

우리가 꿈꾸는 서점은 새로운 형태의 동네 서점입니다. 매일 이벤트를 하고 맥주를 팔며 가구도 파는 미디어로서의 서점입니다. 거기서 쌓은 경험과 지식을 서점의 미래를 고민하는 데 참고할 수 있으리라 생각합니다.

책장에 대한 고집

시마   서점의 재고는 6천 부 정도죠.

우치누마 맞습니다. 우리 정도 크기의 서점으로서는 결
코 많은 재고는 아니지만, 책이 많다고 잘 팔리는 것도
아니므로 여러 상황을 고려하며 조정하고 있습니다.

시마   서점 크기로 보면 재고 수량은 적당하고 생각
합니다. 6천 부면 어디에 어떤 책이 있는지 대부분 파악
할 수 있죠. 전체 매장 크기가 99제곱미터(30평), 서점
부분은 82.6제곱미터(25평) 정도니까요. 그 면적에 6천
부는 적다고도 볼 수 있을 거예요.

우치누마 아마도 적은 편일 겁니다.

시마   보유한 책의 부수는 적지만 특수한 문화와 장
르에 치우쳐 있지는 않습니다. 나름대로 엄선한 인문과
학, 자연과학, 문예, 외국 문학, 잡지 장르를 갖추고 있습

니다. 신간 도서를 많이 들여놓을 수 없는 대신 기존에 출간된 책을 제대로 팔아 보자는 전략이죠.

우치누마 맞습니다.

시마   서점에 와서 사람마다 뭔가 끌리는 책을 찾을 수 있는 다면체 책장을 만들면 좋겠다고 생각했습니다. 누구 한 사람이 처음부터 끝까지 책장을 전부 담당하면 그 사람의 취향이 강하게 반영된 문턱 높은 책장이 되어 버립니다. 그래서 B&B는 여러 직원이 생각나는 대로 원하는 자리에 책을 꽂아 두는 방식을 적용합니다. 그것이 조화를 이뤄 가는 거죠.

우치누마 책 선택의 방침을 이야기해 볼까요?

시마   책을 선택하는 데에는 분명한 기준이 있습니다. 한쪽으로 치우치는 책은 두지 않습니다. 6천 부라는 한정된 숫자지만 꼭 있어야 할 책은 엄선해서 갖춰 두고요. 가끔 재미있는 책을 끼워 넣는 느낌이죠.

우치누마 그렇죠, 동네 서점이라고 해서 반드시 전문 서점은 아닙니다. 우리는 장르에 상관 없이 팔고 싶은 책이 잘 어우러지는 책장을 만들고 싶습니다. 다만 모든 책을 전부 진열할 수는 없기 때문에 꼭 한 권이라도 두고 싶은 책을 고르는 데 집중합니다. 결코 일반적인 상품 배치라고 할 수는 없어요. 일반적이란 것은 문고는 문고만 모아둔 책장에 진열하는 방식을 말합니다. 판매가 좋은 책 위주로 진열되어 어느 서점을 가든지 차이가 없는 것입니다. 하지만 막상 "책을 어떻게 선정하나요?"라는 질문을 받으면 "좋다고 생각되는 책을 팔고 있습니다"라고 말할 수밖에 없어요. 그 이상으로는 설명할 수가 없습니다. 스스로 좋다고 생각하는 책을 매일 체크하고 매입해서 팔고 있는 것입니다.

시마 기본적으로는 눈에 띄지 않는 진열 방법이죠.

우치누마 맞습니다. POP도 없어요. 책만으로도 충분히 메시지를 전달하며 옆에 놓인 책과의 재미있는 조화를 먼저 봐주기를 바라니까요. 가능한 불필요한 설명을 하지 않는 편이 좋다고 생각해요.

시마 추천하고 싶은 책이 있느냐는 질문도 자주 받죠? 물론 우리 서점에 놓인 것은 전부 추천 드리고 싶은 책이에요. 더구나 추천이란 사람에 따라 달라지니까 고객이 마음에 드는 책장을 찾을 수 있도록 배치에 신경을 쓰고 있습니다.

우치누마 고객마다 마음에 드는 책장이 다르다는 게 정말 재미있습니다. 그래서 가능하면 여러 사람의 취향에 맞는 책장을 구성하려고 노력합니다.

B&B 서점은 어렵지 않게 한 바퀴 둘러볼 수 있는 크기입니다. 크기가 더 커지면 안내판 없이는 어디에 어떤 책이 있는지 알 수 없게 되어 버리죠. 그럼 안내에 따라 원래 흥미를 느끼는 특정 분야만 보게 되므로 재미가 없습니다. 우리 서점은 전부 둘러봐도 많은 시간이 걸리지는 않습니다. 하지만 천천히 살펴 보면 어느새 시간이 휙 흘러가게 되는 적당한 양의 책을 갖춘 넓이라고 생각합니다.

시마 5분 정도의 자투리 시간에 편히 올 수 있는 서점을 만들고 싶었죠. 연극 연습이 끝나고 또는 쇼핑을 하다 잠깐 들르는 곳 말입니다. 약속 장소로 사용하는 것은 두말 할 나위 없이 대환영이에요. 일상의 틈새를 파고 들어갈 수 있는 서점이 되었으면 하는 바람입니다. 큰 마음 먹고 가는 곳이 아니라 지나가다 들러서 무언가를 발견할 수 있는 곳으로 만들고 싶습니다. 목적 없이 왔다가 흥미가 생겨 '이건 읽어 보고 싶다'고 생각되는 책이 있는 장소로 만드는 것이 궁극의 목표입니다.

우치누마 그렇습니다. 읽고 싶은 책이 정해져 있다면 인터넷 서점에서 구입하면 됩니다. 하지만 갖고 싶은 책은 있지만 먼저 훑어보고 나서 사고 싶은 사람 혹은 특정 장르의 책을 가능한 많이 살펴보고 그중에서 선택하고 싶은 사람은 대형 서점에 가겠죠. 동네 서점의 규모에서는 찾는 책이 없을 수도 있으니까요. 사실 동네 서점은 어떤 장르의 책을 다량으로 보고 싶은 고객의 요구를 충족시키기에는 무리가 있죠. 그런 고객에 맞추기보다는 '뭐가 재미있는 것이 없을까' 하는 기대로 서점을 찾는 고객에게 새로운 관심사를 이것저것 소개하는 형태가 가장 이상적이라 생각합니다.

맥주와 이벤트

시마　　B&B의 또 다른 특징은 맥주와 함께 매일 이벤트를 개최하는 것입니다. 카페나 이벤트 홀을 만들고 싶은 것이 아니라 좀 더 재미있게 책을 고르는 요소로 작용할 수 있는 것을 제공하고 싶었습니다. 책을 사는 행위가 좀 더 의미 있는 경험이 되기를 바라는 마음입니다.

우치누마　맞아요. 저와 시마 씨는 맥주를 마신 후 서점에 가서 이 책 저 책 고르는 것을 무척 즐겼는데, 다른 독자들도 그러한 즐거움을 경험하게 하고 싶었습니다.

시마　　대개 맥주를 팔면 책이 더러워지지 않을까 걱정합니다. 매일 이벤트가 있으면 그 준비로 인해 서점 운영을 소홀히 할 수도 있다는 우려도 보냅니다. 초보자 특유의 용기를 내고 '일단 하고 보자'는 무모한 정신으로 하고 있는 겁니다.

우치누마 사실 일반적인 서점이라면 책장 사이 거리와 매대 사용 방법을 고려하겠죠. 예를 들면 '책 위에 맥주를 놓으면 어떻게 하지?' 또는 맥주를 엎질렀을 때 일어날 문제를 생각합니다. 우리는 워낙 기본 지식이 없다 보니 서점의 상식을 따르지 않는 부분이 있습니다.

사실 맥주는 책보다 수익률이 훨씬 높아요. 거기에서 나오는 수익을 생각하면 엎질러서 손해 보는 비용은 비교가 안 됩니다. 더구나 지금까지 서점을 운영하면서 맥주를 확 쏟아서 책이나 책장을 못쓰게 되거나 큰 금전적인 손해를 본 적은 없었습니다. 물론 맥주를 약간 흘려서 책이 젖은 적은 몇 번 있었어요. 하지만 그로 인한 손해보다는 맥주로 얻는 수익이나 이벤트에서 술을 마시며 사람들끼리 원활한 커뮤니케이션을 하며 얻을 수 있는 것이 훨씬 많다고 생각합니다.

서점에서 맥주를 판매한다는 점이 재미있다며 방문

해 주시는 고객도 있고요. 손해보다는 이익이 더 크다는 말씀입니다. 때로는 예상하지 못했던 일도 생기지만 오히려 좋은 기억으로 남아 있습니다.

시마 물론 맥주와 이벤트가 수익에 큰 도움을 주고 있긴 해도 결국 이 모든 것은 '신간을 어떻게 팔 것인가?'를 고민한 데서 나왔습니다. 책을 사는 행위를 보다 즐겁게 만들기 위해서 정밀하게 비즈니스 전략을 짜낸 것이죠. 이 외에 다른 방법도 많이 있겠지만 작은 것부터 차근차근 해 나가려고 합니다.

그런데 책을 판매하는 평범한 서점 직원이 직종이 전혀 다른 맥주를 파는 것은 그리 간단한 일이 아니에요. 생맥주 기계를 관리, 유지하는 법을 익혀야 하고 맥주를 잘 따르는 법도 배워야 합니다. 맥주를 마시는 사람의 기분도 이해해야 하고요. 하지만 이것을 알게 되면 서점은 더욱 재미있어져요. 서점을 즐겁게 만드는 일을 끊임없이 연구하고 싶습니다.

우치누마 전적으로 동감합니다. 책을 사는 행위가 재미

있어지도록 궁리하는 것이 정말 중요하다고 생각합니다. 앞으로도 일반적인 서점에서는 불가능하다고 여겨지는 것을 어떻게 하면 실현할 수 있을까 꾸준히 궁리하고 실천해 보려 합니다. 예를 들어 12월 31일에 '서점에서 신년맞이' 이벤트를 개최합니다. 단순하게 서점에서 신년맞이를 하면 재미있겠다는 생각에서 시작한 것입니다. '서점에서 신년맞이'라는 제목이 마음에 들었거든요.

시마　　작가와 독자, 편집자와 독자, 독자끼리의 관계 등 서점에서 다양한 커뮤니티가 만들어지면 좋겠습니다. 매번 다른 이벤트를 할 때마다 다른 종류의 커뮤니티가 만들어지는 것이 재미있어요.

우치누마　정말 재미있죠.

시마　　현실 속의 소셜 미디어예요.

우치누마　이벤트를 계기로 처음 방문한 사람도 많았어요. 그리고 그들이 서점의 고객이 됩니다. 매일 밤 작가나 잡지의 편집자, 책과 관련된 사람들을 초청해서 매번 다른 내용의 이벤트를 진행하니까 어떤 날은 젊은 여성들만, 어떤 날은 아저씨들만 모이는 경우도 있습니다. 하지만 모두 책을 좋아한다는 공통점으로 우리 서점의 단골이 되고 그 후로는 이벤트 스케줄을 확인해서 찾아옵니다. "B&B에서 오늘은 어떤 이벤트를 할까?"라든지 "다음 주에는 뭘 하지?" 하며 서점의 홈페이지나 전단지를 보고 날짜에 맞춰 오시는 거죠. 그렇게 다시 서점을 찾아 주시는 고객은 직원들과도 조금씩 친분을 쌓게 됩니다. 이런 부분이 동네 서점의 장점이에요. 이런 고객을 점점 늘려가고 싶어요. 어쩌다 들러 주시는 분들도 물론 감사하지만 근처에 사는 분이나 B&B의 이벤트가 좋아서 매주 오는 분들을 더 소중히 늘려나가고 싶습니다.

시마 매일 언제 오더라도 무언가를 하고 있다는 것이 굉장히 중요합니다. 서점은 일상에서 당신이 알지 못하던 것을 우연히 만날 수 있는 장소입니다. 이벤트도 그중 하나죠. 나중에 그런 활동을 기반으로 커뮤니티가 만들어지거나 하면 그야말로 21세기형 서점이 아닐까요?

우치누마 맞습니다. 지금은 아직 시작한지 얼마 되지 않아서 우리도 여러 가지를 실험하는 단계지만요.

시마 작은 것부터 차근차근 해 나가죠! 우선 맥주를 잘 따를 수 있었으면 좋겠어요.

우치누마 정말 조그만 것부터요. 사람들이 들어와 보고 싶어지도록 간판 아래에 글을 써 본다든지 하는 거죠. .

시마 간판을 어디에 둬야 잘 보일까 하는 것도요.

우치누마 '맥주 판매합니다'라는 표지판을 서점 안 어디에 몇 개나 붙여야 할까라든지. 이런 모든 노력으로 조금씩 매출을 올려 가는 것이죠. 작은 상점을 조금씩 발전시키기 위한 노력은 영원히 끝나지 않을 만큼 많이 있어요.

시마 서점의 경우 더욱 그렇죠. 매일 1위가 바뀌는 곳이니까요.

우치누마 맞습니다. 서점은 정말 계속 변하는 곳이에요. 고객도 변해 가는 서점을 즐기고 있고요. 변하지 않는 맛을 제공하는 음식점과는 다릅니다. 물론 넓게 보면 변하지 않는 맛처럼 그곳에 가면 늘 재미있는 일이 있다는 신뢰감을 쌓아 가야겠죠. 하지만 그 외에 서점에 있는 것은 전부 변합니다.

시마　　그렇습니다. 서점의 동적평형(화학반응계에서 내부는 미시적으로 움직이고 있는데 외관상 정지해 있는 것처럼 보이는 경우의 평형상태_옮긴이) 상태죠.

우치누마　맞아요.

시마　　서점이라는 상자는 변하지 않지만 속의 부품을 계속 보충해 가는 느낌이에요. 세포는 점점 변하고 있는 겁니다.

우치누마　네, 특히 의식적으로 노력해야 하는 부분이죠. 아까 말씀하신 것과 같이 기본적으로 장르에 따라 구분하지 않고 다양한 책을 함께 진열하는 방식입니다. 같은 책이라도 고객의 기분에 따라 달리 보인다는 점이 참 재미있어요.

그날의 기분에 따라 눈에 들어오는 책이 달라지니까요. 다음 날 방문했을 때는 진열된 책이 거의 바뀌지 않았음에도 전혀 다른 책에 관심을 갖게 됩니다. 그런 즐거움을 만들기 위해서 매일 끊임없이 책장 구석구석 변화를 주어야 합니다. 제가 자주 하는 말인데, 서점은 "좁은 공간에서 믿을 수 없을 만큼 넓은 세계를 만들 수 있는 곳"입니다. 여러 분야의 책을 만나고 이 책과 저 책이 어떻게 연결될까를 생각하면서 사고력을 넓혀 가는 것이죠. 그렇게 서점은 물리적 공간은 좁지만 세계의 모든 것을 품은 장소가 될 수 있습니다.

B&B도 마찬가지로 그런 장소를 목표로 해야 합니다. 공간이 작을수록 밀도 있는 책장을 구성하도록 신경 써야 하죠. 작은 매대에서 가능한 큰 사고의 도약을 할 수 있도록 고려하지 않으면 세계 전부를 담을 수 없으니까요.

독서 인구가 급격히 감소하는 현실

우치누마 지금 시대에 왜 책을 읽어야 할까요? 책을 읽는 법은 사람마다 모두 다르다는 점에 그 이유가 있습니다. 다양한 책 가운데 무엇을 읽을지 선택하고 책에서 얻은 지식과 세계를 스스로 편집할 수 있으니까요. '어떤 책을 읽을까? 그 다음에는 무슨 책을 읽을까?'를 결정하는 과정에서 나만의 조합을 만들 수 있습니다. 흥미로운 주제를 인터넷에서 검색하거나 인터넷 뉴스와 트위터를 찾아 보면 아무래도 매일 쏟아지는 정보에 제멋대로 노출되기 쉬워요. 어느 정도 나만의 관점으로 거른다 해도 다른 사람과 전혀 다른 정보는 아니죠. 깊이 있는 지식을 얻는 것은 당연히 기대할 수 없고요.

하지만 스스로 선택한 책을 하나씩 읽다 보면 궁금한 세계를 깊이 있게 알아 갈 수 있죠. 꾸준히 독서를 하면 진정한 나만의 지식이나 간접 경험이 쌓일 수 있지 않을까요? 그러면 삶도 풍요로워질 뿐만 아니라 일에도 도움이 될 것입니다. 실제로 자신의 분야에서 활약하는 사람 중에는 다독가가 많습니다. 독서 인구가 줄어드는 상황일수록 착실히 책을 읽는 것이 더 빛날지 모릅니다.

인간은 누구나 지적 호기심이 있으므로 그 호기심에 어떻게 응할 것인가의 문제입니다. 우리가 재미있는 서점을 만들지 않으면 고객이 찾아와 주지 않는 것이 당연하겠죠. 따라서 우리는 '서점은 어디나 똑같다'고 생각하는 사람에게 그렇지 않다는 것을 보여 주는 서점을 만들어야 합니다. '저기는 재미있어 보이네'라는 호기심으로 찾아왔다가 책을 사게 되는 서점 말이죠.

서점에 가면 세계가 얼마나 넓은지 알 수 있습니다. 전혀 관심이 없던 서가에 일부러 가 보거나 서점 안을 산책하듯이 돌아보는 것이 좋습니다. 예를 들면 되도록 자신과 제일 관계 없는 매대에 가 보는 것이죠. 대형 서점에 가면 늘 같은 분야만 가기 쉽습니다. 만화를 좋아하니까 만화 매대에만 간다는 식이죠. 그러지 말고 전혀 관계 없는 육아서 매대에 가 보는 겁니다. 육아서 매대를 둘러보면 자녀를 키우는 부모의 고민이나 소망을 알 수 있습니다. 혹은 아이를 출산하는 여성의 기분을 조금은 이해하게 되죠. 이렇게 자신의 세계가 넓어지는 경험이 재미있는 거예요. 서점을 슬슬 둘러보는 것만으로 생각지도 못한 여러 가지를 알게 됩니다.

시마 말씀을 들으며 생각해 보니 서점에 가서 무언가를 얻거나 잃는 문제가 아니군요. '즐기는 것'이 무엇보다 중요하죠. 물론 책에는 도움 되는 정보도 가득 있습니다. 유용한 아이디어를 떠오르게 하는 자극을 받을 수도 있고요. 한편으로 쓸모없어 보이지만 재미있는 것으로 충분한 경우도 있죠.

우치누마 쉽게 말하면 여행을 떠나는 것과 같습니다.

시마 딱 맞는 표현이에요. 추상적으로 말하면 세계와 이어지는 장소입니다. 우치누마 씨가 늘 강조하는 "책장은 세계를 담아야 한다"라는 이야기에 무척 감탄했습니다. '과연 책장은 그래야 한다'고 공감했고요. 바뭐 말하면 서점에 가는 것은 세계와 이어지는 행위라는 것이죠. '여행을 떠난다'는 표현도 무척 좋군요.

서점과 마찬가지로 여행은 우리 지식의 경계를 넓히는 데 도움이 되는 측면이 있어요. 더구나 잘 알지 못하는 지역의 관습과 문화를 접하는 것은 감각적으로 즐겁습니다. 평상시와 다른 공간에 있는 느낌이나 뇌의 스위치를 조금 바꾸는 시간을 갖는 것만으로도 의미가 있겠죠.

우치누마 좁은 공간에 그렇게 다양한 물건이 있고 예상 외의 경험을 할 수 있는 곳은 서점 말고는 없다고 생각해요. 99제곱미터(30평)밖에 되지 않는 공간에 삶과 죽음이 있다고 할까요? 세계의 이 끝에서 저 끝까지, 인간의 표면적인 모습부터 더러운 부분까지 전부 들어 있죠. 의자를 주제로 한 책이 있는가 하면 커피, 빛, 커뮤니케이션을 다룬 책도 있습니다. 이렇게 다양한 이야기가 서점의 좁은 공간을 가득 채우고 있는 것이죠. 불쑥 들어가 한 바퀴 둘러보는 것만으로 여러 자극을 받을 수 있어 재미있습니다. 재미있으니까 일단 와 보시라고 말씀드릴 수밖에 없어요.

시마 세상에는 점점 '도움이 되는가 아닌가'의 시각으로만 판단하는 사람이 늘고 있는 듯해요. 꼭 그런 기준에 따르지 않아도 괜찮은 공간이 일상 속에 있다는 점이 좋습니다. 물론 도움 되는 정보를 찾으러 와도 상관은 없지만요.

우치누마 정말 맞는 말씀이에요. 도움이 된다는 것은 인터넷으로 검색해서 답을 찾는 것과 비슷하죠. 따라서 실제 서점의 목표는 오히려……

시마 도움이 되지 않는 서점이죠. (웃음)

우치누마 맞아요. 굳이 말하자면 Q&A처럼 질문(Q)을 던지면 답변(A)이 돌아오는 형태를 만드는 게 아니에요.

시마 질문을 찾는 곳이죠.

우치누마 질문으로 가득 찬 장소입니다. 질문이 없으면 무엇을 위해 살아가는지 모르죠. 예를 들면 일을 할 때 아무것도 생각하지 않고 답을 얻는다면 수입이 늘어나도 이 돈을 어떻게 사용할지에 대한 문제에 대답할 수 없습니다.

시마   새로운 질문을 찾을 수 있는 장소라는 말씀이군요. 좋은 개념입니다. 질문의 답을 찾는 데도 서점이 도움을 줄 수 있지만, 단지 답을 찾기보다 새로운 질문을 찾는 장소로서 서점은 더욱 적합할 수 있다는 말입니다.

우치누마   질문이 없으면 무언가 부족하다는 생각이 들어요. 살아가면서 생기는 질문을 고민하는 과정이 즐겁죠. 서점에는 질문이 넘쳐 흐르는 느낌입니다. 그래서 매력적이에요.

'세계가 있다'는 말은 이런 의미입니다. 게다가 그런 장소가 걸어서 갈 수 있는 범위 내에 있다니 정말 행운이지요. 그것을 이용하지 않으면 너무 아까워요. 서점에서는 어쩌면 해외 여행에서보다 더 소중한 것을 우연히 만날 수 있을지도 모릅니다. 그것은 일상에서 만나는 즐거움입니다.

부록

한 번은 꼭
가 보고 싶은
서점

—

**시마 고이치로
& 우치누마 신타로**

시마　　하루에 반드시 서점 한 곳에 들르죠?

우치누마　네, 새로운 서점이 아니더라도 매일 가고 있습니다.

시마　　저도 광고 회사 하쿠호도가 진보초에 있었을 때는 하루에 한 번 산세이도 쇼텐[1]에 갔어요. 매대에 놓인 책을 쭉 훑어 보고 한마디로 요약하는 훈련을 했습니다. 베스트셀러를 보는 것만으로 그 시기의 분위기를 읽을 수 있죠.

우치누마　대형 서점에는 특히 비슷한 종류의 책이 많이 출간되면 관련서를 함께 모아서 진열하기도 합니다.

그것은 시대를 상징하는 것이기도 해요.

시마 도쿄도 쇼텐[2]도 훌륭합니다. 그곳은 단골의 빈도가 높기 때문에 매대가 빨리 회전하죠. 마치 살아 있는 생물처럼 변합니다. 기치조지의 준쿠도 쇼텐[3]에는 버섯이나 남극, 북극 같은 특별한 주제로 구성되는 코너가 있어요. 둘러보다 보면 사고 싶어지죠. 대형 서점은 '한번에 훑어볼 수 있다'는 장점이 있어요. 2010년에 생긴 우메다의 마루젠 & 준쿠도MARUZEN & ジュンク堂[4]는 규모가 대단합니다.

우치누마 규모로 따지면 홋카이도의 코찬포Coach & Four[5]는 단층으로 8,600제곱미터(2,600평)에 달해요! 멀리 있는 사람이 콩알처럼 보이는 거리감도 재미있죠.

시마 대형 서점에 가면 모르는 것이 너무 많아 절망감에 휩싸이곤 해요.

작은 서점의 매력

시마   좋은 서점이란 정해진 구매 방식을 무너뜨리는 서점이라고 생각합니다. 사고 싶은 책이 분명하다면 인터넷 서점이 편리하죠. 하지만 우리가 알고 싶은 것 중에 언어화할 수 있는 비율은 5퍼센트에 불과하다고 합니다. 다시 말해 인터넷 검색으로 찾을 수 있는 것은 5퍼센트뿐입니다. 나머지 95퍼센트는 구체적으로 표현할 수 없지만 갖고 싶은 것입니다. 최고의 서점은 마치 기다렸다는 듯이 숨겨진 욕망을 구체화시켜 주는 곳이에요. 또한 규모가 작은 편이 좀 더 개성이 드러나죠. 도서관처럼 정보가 가득한 대형 서점도 좋지만 66제곱미터(20평) 이하의 서점도 보는 재미가 있어요.

우치누마   규모가 큰 서점은 무슨 책이든 다 있으니까요.

시마   제가 즐겨 찾는 작은 서점은 요요기우에하라의 고후쿠 쇼보입니다. 주인이 추천하는 책은 반드시 같은 책을 두 권씩 진열해요. 카를 융이나 영화감독 오즈 야스지로小津安二郎의 유명한 책도 있지만 기생충이 나 자동판매기, 콘돔의 역사처럼 어디에 도움이 될까 싶은 책도 두 권이 놓여 있어 절묘한 균형을 이룹니다.

우치누마 주인의 개성이 강한 곳이죠. (웃음) 서점을 방문한 고객과 대화를 나누기도 하나요?

시마 아니요. 두 권을 놓는다는 것 자체가 일종의 소통이므로 굳이 말을 걸거나 하지 않습니다.

우치누마 책을 두 권만 매입하는 것은 매우 번거롭고 어려운 일인데 일부러 그렇게 하는 게 참 대단합니다.

시마 이곳은 계산대 옆의 공간도 아주 훌륭하게 활용해요. 계산대 옆에는 대체로 몰래 정보만 보고 가는 일을 방지하기 위해 기차 시각표나 정보지를 놓아 두는 경향이 있죠. 하지만 고후쿠 쇼보는 언제나 음식 관련 책을 놓습니다. 콘돔의 역사 책을 산 다음 빵이나 홍차에 대한 책을 사게 되는 거예요.

우치누마 요요기우에하라에 있는 로스 파펠로테스Los Papelotes[6]도 좋아요.

시마　　　그 외에 분쿄도文教堂[7]가 있죠. 매장 세 곳의 균형감이 뛰어나요. 고후쿠 쇼보의 무심한 듯 '두 권을 놓는 전략'에 맞설 만한 서점으로는 북스 다카다노바바ブックス高田馬場를 추천합니다. 개인적인 의견이지만 국내에서 가장 강압적으로 만화를 판매하는 서점입니다. 광고 이면지를 잘라 만든 쪽지에 '베르세르크'라고 만화 제목을 써서 가게 벽에 가득 붙여 놓았죠. (북스 다카다노바바는 2014년 폐점했다_옮긴이)

우치누마　강압적이라고 한다면 독서의 권유読書のすすめ[8]라는 서점도 있죠.

시마　　　가게의 홍보 문구가 무지막지하게 강렬해요. "1천 번 읽지 않으려면 사지마!"라니까요. 돗토리에 있는 데이유도 쇼텐定有堂書店[9]은 책장 사이에 갑자기 '작은 한 권의 충격'이라는 쪽지를 붙여 놓습니다. 독자적인 진열 방식을 갖춰 놓은 서점은 참 재미있어요.

지역마다 개성이 뚜렷한 도쿄의 서점

우치누마 저는 동네 서점 중에서 전국적으로 유명한 센다기의 오라이도 쇼텐[10]에서 아르바이트를 한 적이 있는데요, 그것을 계기로 북 큐레이터라는 지금의 일을 하게 되었습니다. 오라이도 쇼텐은 문맥이 있는 매대로 잘 알려져 있습니다. 원래는 오오쓰카에서 다무라 쇼텐田村書店이라는 이름으로 장사를 했었죠. 일반적인 서점에서는 입구 맨 앞에 잡지를 배치하는데 오라이도 쇼텐은 최초로 잡지를 안쪽으로 넣고 책을 앞에 진열하기 시작했습니다. 99제곱미터(30평) 정도의 작은 매장이었어요.

시마 문맥이 있는 매대에 빠져 들어가 저도 모르게 『체스의 재미』라는 책을 산 기억이 있습니다. 센다기 주변은 저도 즐겨 찾는 지역이에요. 제가 소개하고 싶은 곳은 북 카페 부장고Bousingot[11]와 북스 아이Booksアイ[12]입니다. 밤 늦게까지 영업을 하는 것도 장점이죠. 북스 아

이는 독자적으로 만든 홍보 띠지가 인상적입니다. 서민의 거리로 유명한 야네센(야나카, 네즈, 센다기를 줄여서 부르는 말_옮긴이)의 단골 고객층도 두텁고요.

우치누마 맞습니다. 고서 호우로우古書ほうろう[13]도 추천할 만하죠.

시마 진보초에는 밀롱가ミロンガ, 사보우루さぼうる 같은 오래된 카페가 많습니다만 야네센 지역은 와인 바도 좋습니다. 닛포리의 하츠네코지(술집, 꼬치구이, 중국 음식점 등이 모여 있는 옛날 분위기의 작은 골목_옮긴이) 끝에 있는 세키C'est qui?나 뉴질랜드산 와인만 취급하는 네즈의 NZ바는 책을 사서 돌아가는 길에 들러 한잔 하기 좋은 분위기예요.

우치누마 중앙선 부근에도 서점이 많습니다. 최근에는 오기쿠보 역에 있는 헌책방 카페 6지겐6次元,[14] 니시오기쿠보의 오토와칸古書音羽館[15]도 있고요. 고엔지 근처에도 술을 마실 수 있는 가게가 많이 있습니다. 뒷골목에 숨어 있는 아바키오Ab'acchio[16]나 문사요리(글을 쓰

는 작가들이 만들어 먹었던 요리_옮긴이)가 나오는 고쿠테일 쇼보書房コクテイル[17]가 있죠. 그리고 블라인드 북스Blind Books[18]도 예술서를 보며 술을 마실 수 있습니다. 최근에 술을 마실 수 있는 서점이 늘고 있지 않나요? 하지만 일반적인 카페가 되어 버리면 책이 팔리지 않으니 서점이라 할 수 없어요. 균형을 잡는 게 어렵습니다만 책과 음료를 좋아하는 사람이 혼자 시작하는 형태로서는 나쁘지 않을 것 같아요. 잡지『바파우트BARFOUT!』의 편집부가 시모기타자와로 이전하면서 만든 브라운스 북스 & 카페Brown's Books & Café[19]는 독특한 북 카페입니다. 매장의 안쪽은 편집부가 사용하고 앞에는 카페가 있습니다.

시마 시모기타자와의 다윈룸Darwin Room[20]과 중고 서점 혼키치ほん吉[21]를 포함해서 이 세 곳은 확실히 생존 방식이 다르죠. 시모기타자와에는 문화적 성향이 강한 서점이 많습니다. 빌리지 뱅가드[22]도 있고요.

우치누마 본점은 나고야에 있지만 시모기타자와 지점도 빌리지 뱅가드의 특징이 잘 드러난 곳이죠.

시마　정해진 지침이 없는데도 전국 매장의 홍보 문구나 방식이 모두 비슷합니다. 종이와 펜을 똑같은 것을 사용하기 때문이라고 하더군요. 그리고 폐점 시간을 알리는 노래도 재미있으니 한번 들어 보면 좋겠어요.

우치누마　동네에 따라 개성이 다르죠. 야네센은 옛날부터 책을 많이 읽는 고령자가 많이 살며 서민의 거리라는 느낌을 줍니다. 오라이도에서 일할 때에도 음식 관련 책이나 에도시대를 다룬 책이 잘 팔렸습니다. 역사 소설과 자연의 역사 연표는 빼지 않고 진열했고요.

시마　저도 역사 연표를 샀습니다. 꽤 유용했어요. 서점은 고객이 만들어 간다는 말을 종종 하는데요. 매장을 찾아오는 고객과 함께 성장해 가는 것입니다. 예를 들면 매거진 하우스 옆에 있는 신도쿄 북 서비스는 예술이나 문화 관련 서적이 많았고, TBS 근처에 있던 분초도 쇼텐文鳥堂書店의 아카사카 지점에는 저널리즘 관련 도서를 잘 갖춰 놓았습니다.

우치누마　분초도 쇼텐의 하라주쿠 지점이 없어질 때는 무척 아쉬웠어요. 좋은 동네 서점의 교과서 같은 곳이었으니까요.

시마　　아카사카의 긴쇼도 쇼텐金松堂書店[23]도 멋진 동네 서점이라고 생각해요. 이와나미 신서 시리즈를 꽂아 놓은 책장을 보고 있으면 직원이 다가와 서랍 속에서 책장에 꽂혀 있지 않은 책을 보여 주기도 해요. 나카무라바시 쇼텐中村橋書店[24]이나 에코다의 다케시마 쇼텐竹島書店[25]도 추천할 만한 동네 서점입니다. 아사히 신문 본사 2층에 있던 곤도 쇼텐近藤書店에서는 보수적인 색채의 도서를 사기에 좋았죠.

우치누마　지금은 북 큐무Book Cumu[26]로 바뀌었어요. 요미우리 신문사에도 지점이 있습니다. 체인점 중에서도 좋은 동네 서점으로 주목 받고 있는 곳으로는 아유미 북스[27]를 꼽을 수 있죠.

시마　　아유미 북스는 대단합니다. 북 카페로 한정 지을 수 없어요. 그룹 자회사에 커피 체인점도 있습니다. 매장에 따라서 500엔 이상 책을 구입하면 무료 음료권을 제공한다는 사실을 알았을 때는 정말 놀랐습니다. 그러고 보니 기치조지의 북스 루헤Books Ruhe[28]도 이전에는 카페였어요. 그 전에는 메밀국수 가게였고요.

우치누마 아유미 북스는 매장마다 크기가 99제곱미터(30평)에서 660제곱미터(200평)로 다양하고 지역과 잘 융합되어 있습니다. 와세다와 고이시가 지점도 좋죠.

시마 개성이 빛나는 체인점이죠. 각각의 장소에 맞게 매대를 구성해요. 예를 들면 와세다 대학 문학부 옆에 자리한 와세다 지점은 에밀 졸라와 마르셀 프루스트를 잘 보이게 진열해 놓았습니다. 보통은 전혀 읽지 않는 책인데 그만 사 버리게 되죠.

삶의 기쁨이 배가 되는 서점

우치누마 도쿄에는 심야까지 영업하는 서점도 늘어나고 있습니다. 하지만 원조는 롯폰기에 있는 아오야마 북 센터青山ブックセンター예요(현재 롯폰기 지점은 없습니다).

대학 시절에 신주쿠 지점을 가 보고는 큰 영향을 받았습니다.

시마 사회인이 되고 나서 주말의 심야 2시까지 아오야마 북 센터에 있다 보면 어쩐지 어른이 된 기분이 들었습니다. 특별한 문화라는 느낌 말이죠.

우치누마 롯폰기에서 술을 마시고 서점에 들어가 책을 사는 것 말이죠.

시마 한밤의 야오야마 북 센터처럼 도쿄도 쇼텐이나 교분칸教文館[29]도 어른의 분위기에 취할 수 있는 곳이죠. 대표적인 역사 소설가 이케나미 쇼타로池波正太郎의 책이 있어서 참 좋아하는 곳입니다. 하지만 공간 자체의 분위기는 오모테산도의 산요도 쇼텐山陽堂書店[30]을 좋아해요. 서점 안쪽에 있는 나선형 계단이 마음에 들거든요. 계단을 책장으로 사용하고 있죠.

우치누마 작은 출판사의 책을 모아서 아담한 도서전도 진행하고 있어요. 노기자카의 북숍 토토Bookshop TOTO[31]나 교바시의 릭실Lixil 북 갤러리[32]는 전문 서점이지만 누구든지 즐길 수 있는 곳입니다.

시마　　두 곳 모두 화장실에 책꽂이가 있어요. 건축 자재를 생산하는 기업 이낙스INAX에서 독자적으로 출판하는 시리즈로 샤치호코(잉어의 몸에 호랑이 얼굴을 한 상상 속의 동물로 성곽 등의 용마루를 장식한다_옮긴이)나 도깨비 기와에 대한 책도 있습니다.

분위기에 취한다는 주제로 돌아가면, 지금은 사라졌지만 진보초 교차로에 고분칸 쇼텐廣文館書店이라는 곳이 있었죠. 이곳에서 잡지를 사면 가슴이 막 뛰었어요. 입지적으로도 책의 거리 진보초를 만끽할 수 있는 진보초 교차로를 마주하고 있었거든요. 거기서 『주간 플레이보이』나 『다임DIME』 같은 잡지를 사는 즐거움은 출판사가 늘어선 진보초에서만 할 수 있는 경험이었어요. 산지 직송의 채소를 사는 기분이랄까요! (웃음)

우치누마　　그렇게 생각할 수도 있겠군요! (웃음)

일부러 들러 보고 싶은 지방의 개성파 서점

시마　　이번에 교토 역 안에 있는 서점 북 키오스크 Book Kiosk에 가 봤습니다. 이상하게도 '고르고13'(일본의 만화 잡지 『빅 코믹』에서 1968년부터 현재까지 연재되는 만화_옮긴이)이라는 책장이 있더군요. 역 안에 있는 서점은 원래 비즈니스 도서가 많은데 이곳은 언제나 고르고 13의 전권이 꽂혀 있었습니다. 집에 가는 길에 1권씩 사서 기차를 타고 가면서 읽을 수 있죠.

교토 역 하치조구치 출구를 나오면 바로 보이는 후타바 쇼보ふたば書房[33]도 재미있는 곳입니다. 역시 이곳도 비즈니스서보다 불교 책이나 역사 도서가 주로 진열되어 있습니다.

우치누마　모리오카 역에 있는 사와야 쇼텐さわや書店[34]도 추천합니다. 사와야 쇼텐 본점에서 근무하는 이토 기요히코 씨는 도쿄에서 모리오카 지점으로 옮겨 와서 매출을 두 배로 올린 전설적인 점장입니다. 『모리오카 사와

212

야 쇼텐의 분투기』라는 책도 출간했죠. 신기하게도 서점 속으로 계속 발을 옮기게 되는 곳입니다.

시마   물귀신 작전이군요. (웃음)

우치누마 아쉽게도 지금은 이토 씨가 은퇴하셨지만 그런 전략은 계속 이어지고 있습니다. 역 안에 있는 서점인데도 주제 별로 책을 구분해 놓았어요.

시마   간단해 보이지만 재고 관리 면에서는 굉장히 귀찮은 일입니다.

우치누마 센다이에는 독립적인 서점도 많이 있습니다. '화성의 정원火星の庭[35]'이 처음으로 북 카페를 시작하고 미디어테크 근처에도 마젤란Magellan[36]이라는 서점이 생겼습니다. 도호쿠 대학 공학부 캠퍼스에 북Boook[37]이라는 북 카페는 유명한 북 큐레이터 하바 요시타카가 책을 선별했죠. 간사이 지역의 독립적인 북 카페로는 오사카의 칼로Calo[38]가 대표적입니다. 칼로를 운영하는 이시가와 아키코 씨는 원래 유명한 예술서 전문 서점 암즈에서 근무한 경력이 있습니다. 수십 군데 출판사로부

터 직접 신간 도서나 중고 서적, 해외 원서를 매입하고 해외의 각종 도서전에도 참가하며 카페를 운영하고 있어요. 도쿄 이외의 도시에서 자신만의 감각으로 책을 선별하는 괜찮은 서점에서 갤러리와 카페를 함께 운영하는 곳도 많았어요.

시마 지방에 가면 독립적인 스타일을 유지하는 서점과 역사가 오래된 서점을 방문해 보는 것도 매우 즐거운 일입니다. 도호쿠 대학 북 카페에도 가 보고 싶군요.

우치누마 오사카라면 이토헨iTohen[39]도 좋습니다. 지방이기 때문에 가능한 독립 서점이죠. 이런 곳이 점점 늘어나면 좋겠습니다. 지방 도시마다 좋은 서점이 한두 군데 있으면 여행하는 즐거움도 커지겠죠.

특이한 서점의 계보를 잇는 곳

우치누마 제가 처음으로 갔던 서점은 초등학교 때 부모님과 함께 간 스하라야須原屋 코르소 지점[40]입니다. 사이타마시 이세탄 백화점 옆 코르소 안에 있는 곳이죠. 스하라야는 그 지역을 오랫동안 지켜온 서점입니다.

시마 저는 지금은 없어진 교도의 기린도KIRINDO 서점이에요. 그 유명한 문필가 우에쿠사 진이치植草甚一가 다닌 서점이기도 합니다. 첫 서점부터 훌륭했죠.

우치누마 대학 시절 다니던 구니타치시 헌책방의 점장은 두 번 정도 가면 아무 말 안 해도 매입 전표를 보여 주곤 했어요. 좋은 책이 싸고 회전도 빨랐죠. 그리운 추억이에요. 구니타치시 마스다 쇼텐增田書店[41]의 점장은 서점에 있는 책장의 순서를 모두 외우고 있는 전설적인 인물입니다. 책이 어디에 있는지 물으면 "몇 층의 몇 번째 책장, 오른쪽부터 몇 번째에 있습니다"라고 알려 줬어요. 신기에 가까운 능력이었죠.

시마 놀라운 능력의 계보를 잇는 사람으로 시그마 쇼보(현재는 폐점)의 점장도 빼놓을 수 없어요. 눈으로 대충 보기만 해도 책의 크기에 딱 맞는 포장지를 찾아왔어요. 대보지도 않고 접어 씌우는데 정말로 꼭 맞는 거예요. 그것만으로도 보러 갈 가치가 있었죠. 홍보 POP를 세우는 대신 책에 띠지를 두른 메이쇼도明正堂[42]의 집념도 대단한 능력이고요.

우치누마 띠지 위에 또 띠지를 붙이는 것이니까요. 보통은 많이 팔고 싶은 책에만 붙이는데 메이쇼도는 한 권도 빼놓지 않고 모든 책에 붙였죠. 꽤 손이 가는 작업이지만 좋은 방법이라고 생각합니다. 그러고 보니 산세이도 세이조 지점[43]에는 POP의 신이라 불리는 우치다 고라 점장이 있었죠. 지금은 매장에 나오지 않으시지만.

시마   서점의 계보에서 잊을 수 없는 분들의 발자취를 따라가 보는 것도 재미있습니다. 게이분샤[44]의 점장 호리베 아쓰시는 학생 시절에 산가츠 쇼보三月書房[45]에 드나들었고 합니다. 데이유도定有堂는 오라이도에서 점장을 맡은 안도 데쓰야와 북스 큐브릭Books Kubrick[46]의 오이 미노루, 마을의 주민과 상생하는 이하라 하트숍イハラハートショップ[47]의 주인 이하라 마미코도 단골이었던 서점입니다.

마치 메밀국수 가게의 계보같아요. 이하라 하트숍은 와카야마라는 산골에 있습니다. 와카야마 역에서 전차와 버스를 갈아타고 3시간을 더 가야 하는 곳이죠. 시골이라시 씨앗이나 소금 등 무엇이든 파는 가게지만 인기 있는 아동 도서 『쾌걸 조로리』의 원화 전시회를 열기도 하는 중요한 서점입니다.

우치누마   저도 가본 적은 없지만 언젠가는 꼭 가고 싶은 서점을 꼽자면 와타리움 미술관 병설 서점 온선데이즈on Sundays[48] 출신의 나카지마 유스케가 만든 림아트limArt입니다(현재는 도쿄에서 한 번에 한 출판사의 책만 파는 것으로 유명한 서점 포스트POST를 운영하고 있다).

한 번은 가고 싶은 절대 서점

시마   국회의사당에 있는 고샤도 쇼보五車堂書房[49]는 일본에서 가장 가 보고 싶은 서점입니다. 금속탐지기를 통과하지 않으면 들어갈 수 없지요. 쓰키지 시장의 스

217

미다 쇼보墨田書房[50]도 말도 안 되는 장소에 있어요. 쓰키지에 매장을 내려고 알아보는 과정에서 우연히 시장 안에 자리 잡게 되었죠. 지금은 생선초밥이나 음식 문화를 전문으로 하는 완벽한 서점이 되었어요. 그리고 가케 쇼보ガケ書房는 '해프닝 책장'이라고 해서 손님이 잘못으로 꽂아 둔 책을 일부러 다시 원위치에 돌려 놓지 않는다는 전략으로 유명합니다. 서점 안에서 거북이를 키우는데 겨울잠을 자니까 주의해야 합니다(가케 쇼보는 2015년에 호호호자ホホホ座로 이름을 바꿔 이전했다_옮긴이).

우치누마 가케 쇼보는 손님이 추천하는 책의 홍보 문구를 써서 신청함에 넣으면 그 책에 손님이 쓴 문구를 붙여 주기도 했죠.

시마 손님이 책장을 만든다는 사실을 명확하게 알고 있는 서점이군요.

우치누마 최근 2호점을 연 가나자와시의 오요요 서림オヨヨ書林[51]도 괜찮은 곳입니다. 원래 센다기에 있었는데 갑자기 번화가에 나가고 싶다는 이유로 오모테산도로

이전했었어요. 그 후 가나자와로 옮겼죠. 가나자와로 가면서 전국 방방곡곡으로 옮겨 다니는 것이 꿈이라고 했는데 가나자와에 2호점을 냈죠.

시마　　오시마의 나루세 쇼텐成瀬書店[52]은 1950년대부터 판매한 도서의 목록을 전부 정리해 두었습니다. 섬에 있는 서점은 반품에 비용이 많이 들어서 책을 들여올 때도 신중할 수밖에 없죠.

우치누마　도쿄에서는 기치조지에 있는 서점 햐쿠넨百年[53]을 추천합니다.

시마　　이곳은 중고 서점에서는 실천하기 어렵다고 하는 문맥이 있는 책장을 구성하고 있어요. 대단한 노력이죠. 이노오 쇼텐伊野尾書店[54]도 전설적인 곳이에요.

우치누마　이노오 쇼텐의 주인이 프로레슬링을 너무 좋아해서 '서점 프로레슬링'을 개최했어요. 프로 레슬러를 불러 서점에서 시합을 한 것이죠. 팬들 사이에서는 색다른 프로레슬링의 모습을 보여 줬다고 칭찬이 자자했어요.

시마　　　서점에서 하룻밤을 보내는 모임도 열었어요. 아침까지 잠만 자는 것이었죠. 동네 서점이면서도 주제를 설정해서 매대를 꾸미는 것도 좋아요. 서점은 기본적으로 판매하는 책은 같지만 흥미를 가지게 하는 계기는 다양하니까요. 프로레슬링 시합이나 숙박을 하는 이벤트를 열기도 하고 몰래 두 권을 겹쳐 두기도 합니다. 보이지 않는 서점의 노력이 숨어 있는 것입니다.

우치누마　어떤 서점에서 무슨 책을 사야 할지 모르겠다면 대형 서점을 구석구석 둘러보는 것도 좋은 방법입니다. 평소에 잘 가지 않는 매대에 가 보면 놀라운 발견을 할 수 있어요. 여행이나 출장을 가서 지역 서점에 들러 보는 것도 좋습니다.

시마　　　약속 장소를 서점으로 하는 것도 좋아요. 반드시 책과의 접점이 생기니까요.

우치누마　그런데 저는 사실 비슷한 책만 잔뜩 사 버리는 경우가 많아요. 문득 깨닫고 놀란답니다.

시마　　　아, 무슨 말인지 알아요. 와인이나 우디 앨런

의 책처럼 의식적으로 산 것도 있지만 나중에 생각해
보면 왜 샀는지 알 수 없는 경우도 많아요. 저는 그릇 관
련 책을 여러 권 산 적이 있어요. 이처럼 95퍼센트의 수
면 밑에 있는 욕망을 구체화해 주는 곳이 좋은 서점이
겠죠.

추천 서점 리스트

1 산세이도 쇼텐 진보초 본점 三省堂書店 神保町本店

일본 국내에 36개의 매장을 갖춘 산세이도쇼텐의 본점으로
매장 면적이 3,300제곱미터(1,000평)에 달한다.

도쿄도 지요다구 진보초 1-1

東京都千代田区神田神保町1-1

Tel. 03-3233-3312

영업시간: 10시~20시

2 도쿄도 쇼텐 간다진보초 지점 東京堂書店神田神保町店

1890년 창업한 역사가 깊은 서점으로 리뉴얼해서 카페도 함
께 운영하고 있다.

도쿄도 지요다구 간다진보초 1-17

東京都千代田区神田神保町1-17

Tel. 03-3291-5181

영업시간: 10시~20시

3 준쿠도 쇼텐 기치조지 지점 ジュンク堂書店 吉祥寺店

3,600제곱미터(1,100평)에 달하는 매장에서 '기치조지의 요리'와 같은 개성적인 도서전을 개최한다.

도쿄도 무사시노시 기치조지 모토마치 1-11-5 코피스 기치조지 B관 6-7층

東京都武蔵野市吉祥寺本町1-11-5 コピス吉祥寺B館6階-7階

Tel. 0422-28-53333

영업시간: 10시~21시

4 마루젠 & 준쿠도 우메다 지점 MARUZEN＆ジュンク堂書店 梅田店

총 2백만 부의 도서를 보유하고 있으며 해외 도서도 7만 부에 달한다.

오사카시 기타구 자야마치 7-20

大阪市北区茶屋町7-20

Tel. 06-6292-7383

영업시간: 10시~22시

5 코찬포 신가와도리 지점 Coach & Four 新川通り店

도서뿐 아니라 문구와 CD, 레스토랑까지 한 층에서 전부 찾아볼 수 있다.

삿포로시 기타구 신가와 3조 18초메

札幌市北区新川3条18丁目

Tel. 011-769-4000

영업시간: 9시~23시

6 로스 파펠로테스 Los Papelotes

유명 그림책 작가 와다 마코토和田誠를 주제로 한 책장에 관
련 도서를 모아두었다. 서점의 로고 역시 와다 마코토의 그
림이다.

도쿄도 시부야구 니시하라 3-4-2

東京都渋谷区西原3-4-2

Tel 03-3467-9544

영업시간: 12시 ~23시(화요일 휴무)

7 분쿄도 요요기우에하라역 지점 文教堂 代々木上原駅店

균형이 잘 잡힌 도서 진열이 특징이다.

도쿄도 시부야구 니시하라 3-8-5 아코르데 요요기우에하라
2층

東京都渋谷区西原3-8-5 アコルデ代々木上原2F

Tel 03-5738-2191

영업시간: 10시~22시

8 독서의 권유 読書のすすめ

매대와 홍보 문구에 주인의 열정이 넘쳐 흐른다.

도쿄도 에도가와구 시노자키마치 1-403-4

東京都江戸川区篠崎町1-403-4

Tel. 03-5666-0969

영업시간: 10시~21시

9 데이유도 쇼텐 定有堂書店

서점인의 '성지'로 알려져 전국에서 많은 사람이 방문한다.

돗토리시 모토마치 121

鳥取市元町121

Tel. 0857-27-6035

영업시간: 10시~20시(수·일요일, 공휴일은 19시까지)

10 오라이도 쇼텐 往来堂書店

직원이 직접 쓴 간판이나 홍보 POP를 통해 의외의 책과 만
날 수 있도록 연출한다.

도쿄도 분쿄구 센다기 2-47-11

東京都文京区千駄木2-47-11

Tel 03-5685-0807

영업시간: 10시~23시(일요일과 공휴일 11시~21시)

11 북스 & 카페 부장고 Books & Café Bousingot

도서는 문학을 중심으로 미술, 음악, 역사 등의 분야를 취급
한다.

도쿄도 분쿄구 센다기 2-33-2

東京都文京区千駄木2-33-2

Tel 03-3823-5501

영업시간: 저녁~23시(화요일 휴무)

12 북스 아이 묘가다니 지점 Booksアイ 茗荷谷店

책을 좋아하는 출판 영업자 페어, 작가의 책장 등과 같이 동

네 서점의 이미지를 바꿔 주는 곳이다.

도쿄도 분쿄구 오쓰카 1-1-15

東京都文京区大塚1-1-15

Tel. 03-5940-7050

영업시간: 10시~23시(일요일과 공휴일은 22시까지)

13 고쇼 호우로우 古書ほうろう

민족 음악 라이브 공연과 아침 독서회를 개최한다.

도쿄도 분쿄구 센다기 3-25-5

東京都文京区千駄木3-25-5

Tel. 03-3824-3388

영업시간: 12시~23시(일요일과 공휴일은 20시까지, 수요일 휴무)

14 6지겐 6次元

헌책방 카페이자 갤러리로 단골 작가와 디자이너가 많다.

도쿄도 스기나미구 가미오기 1-10-3 2층

東京都杉並区上荻1-10-3 2F

Tel. 03-3393-3539

영업시간: 부정기(이벤트에 따라 영업)

15 고쇼 오토와칸 古書 音羽館

철학, 미술, 문예서를 충실히 갖추고 있으며 매월 이벤트를 개최한다.

도쿄도 스기나미구 니시오기쿠보 3-13-7

東京都杉並区西荻北 3-13-7

Tel. 03-5382-1587
영업시간: 12시~23시(화요일 휴무)

16 아바키오 アバッキオ
문학, 철학, 미술 도서를 주로 취급하며 현재 신규 사업을 준비하고 있다.
도쿄도 스기나미구 고엔지기타 2-38-15
東京都杉並区高円寺北2-38-15

17 고쿠테일 쇼보 コクテイル書房
주인이 만든 문사요리를 먹고 마실 수 있는 곳이다.
도쿄도 스기나미구 고엔지기타 3-8-13
東京都杉並区高円寺北3-8-13
Tel. 03-3310-8130
영업시간: 18시~23시

18 블라인드 북스 Blind Books
사진집과 미술서를 위주로 하는 아트 바.
도쿄도 스기나미구 고엔지기타 2-7-13 고엔지긴자 빌딩 2층
東京都杉並区高円寺北2-7-13 高円寺銀座ビル2F左
Tel. 03-5373-0907
영업시간: 18시~24시(수요일 휴무)

19 브라운스 북스 & 카페 Brown's Books & Café
잡지 『바파우트BARFOUT!』 편집부가 설립한 북카페.

도쿄도 세타가야구 다이자와 5-32-13

東京都世田谷区代沢5-32-13

Tel. 03-6805-2640

영업시간: 13시~20시(토·일요일만 영업)

20 호기심의 숲 다윈 룸 好奇心の森 Darwin Room

멧돼지 같은 동물의 박제 표본과 도서를 함께 진열해 놓았다.

도쿄도 세타가야구 다이자와 5-31-8

東京都世田谷区代沢5-31-8

Tel. 03-6805-2638

영업시간: 12시~20시(금·토요일은 22시까지)

21 혼키치 ほん吉

페미니즘부터 소녀 만화까지 여성과 관련된 도서를 판매한다.

도쿄도 세타가야구 기타자와 2-7-10 1층

東京都世田谷区北沢2-7-10, 1F

Tel. 03-6662-6573

영업시간: 12시~22시(화요일 휴무)

22 빌리지 뱅가드 시모기타자와 지점 Village Vanguard 下北沢店

서브컬처 서점의 금자탑.

도쿄도 세타가야구 기타자와 2-10-15 마르셰 시모기타자와 1층

東京都世田谷区北沢2-10-15マルシェ下北沢1F

Tel. 03-3460-6145

영업시간: 10시~24시

23 긴쇼도 쇼텐 金松堂書店
보도에 대한 책부터 학습 참고서까지 다양한 분야가 갖춰져
있다.
도쿄도 미나토구 아카사카 5-1-3
東京都港区赤坂 5-1-3
Tel. 03-3585-0031
영업시간: 10시~22시(공휴일은 12시부터 개점, 일요일 휴무)

24 나카무라바시 쇼텐 中村橋書店
베스트셀러뿐 아니라 다양한 분야의 도서를 균형 있게 진열
한다.
도쿄도 네리마구 누쿠이 1-7-27
東京都練馬区貫井1-7-27
Tel. 03-3970-8482
영업시간: 10시~21시

25 다케시마 쇼텐 에코다미나미구치 지점 竹島書店 江古田南口店
책장과 매대가 개성적이다.
도쿄도 네리마구 아사히가오카 1-77-3 다케시마 빌딩 1층
東京都練馬区旭丘1-77-3 1F
Tel. 03-3953-7733
영업시간: 10시~24시

26 북 큐무 아사히신문사 지점 Book Cumu 朝日新聞本社店

보수적 시사 관련 도서를 다수 보유하고 있다.

도쿄도 주오구 쓰키지 5-3-2

東京都中央区築地 5-3-2

Tel. 03-3543-2428

영업시간: 10~18시(토·일요일, 공휴일 휴무)

27 아유미 북스 와세다 지점 あゆみBOOKS 早稲田店

책장이 2단으로 되어 있어 두 배의 도서를 수용할 수 있다.

도쿄도 신주쿠구 바바시타초 62-4 시바타 빌딩 1층

東京都新宿区馬場下町 62-4芝田ビル1F

Tel. 03-3203-7123

영업시간: 9시~24시

28 북스 루헤 Books Ruhe

메밀국수 가게와 찻집을 거쳐서 20년 전에 서점을 열었다.

도쿄도 무사시노시 기치조지 혼마치 1-14-3

東京都武蔵野市吉祥寺本町 1-14-3

Tel. 0422-22-5677

영업시간: 9시~22시 30분

29 교분칸 教文館

창업 120년의 역사를 가진 긴자의 서점. 아동서도 충실히 갖
춰져 있다.

도쿄도 주오구 긴자 4-5-1

東京都中央区銀座4-5-1

Tel. 03-3561-8446

영업시간: 10시~20시(일요일은 12시에 개점하는 층이 있다)

30 산요도 쇼텐 山陽堂書店

외벽의 타일화는 다니우치 로쿠로谷内六郎의 작품이다. 2011
년에 창고였던 2층과 3층을 갤러리로 개관했다.

도쿄도 미나토구 기타아오야마 3-5-22

東京都港区北青山3-5-22

Tel. 03-3401-1309

영업시간: 10시~19시 30분(토요일은 11시~17시, 일요일과 공
휴일 휴무)

31 북숍 토토 Bookshop TOTO

잡지를 볼 수 있는 공간이 있다.

도쿄도 미나토구 미나미아오야마 1-24-3 TOTO 노기자카
빌딩 2층

東京都港区南青山1-24-3 TOTO乃木坂ビル2F

Tel. 03-3402-1525

영업시간: 11시~18시(금요일은 19시까지, 일·월요일 휴무)

32 릭실 북 갤러리 Lixil ブックギャラリー

화장실, 배수구 등 주거 생활과 관련된 도서를 잘 갖추고 있다.

도쿄도 주오구 교바시 3-6-13 도쿄건물교바시 빌딩 Lixil:
Ginza 1층

東京都中央区京橋3-6-18 東京建物京橋ビル LIXIL: GINZA 1F

Tel. 03-5250-6543

영업시간: 10시~18시(일요일과 공휴일 휴무)

33 후타바 쇼보 교토역 하치조구치 지점 ふたば書房 京都駅八条口店

작지만 알찬 공간에 다양한 분야의 도서가 있다.

교토시 시모교구 히가시시오코지 가마도노초 31-1

京都市下京区東塩小路釜殿町31-1 近鉄名店街みやこみち内

Tel. 075-681-0880

영업시간: 7시~23시

34 사와야 쇼텐 페잔 지점 さわや書店 フェザン店

서점이 위치한 지역에 대한 도서를 많이 갖다 놓았다.

이와테현 모리오카시 모리오카 에키마에도리 1-44

盛岡市盛岡駅前通1-44

Tel. 019-625-6311

영업시간: 9시 21시

35 북 카페 화성의 정원 Book Cafe 火星の庭

판타지 소설과 초현실주의 같은 변경 문학을 소개한다.

센다이시 아오바구 혼초 1-14-30, 1층

仙台市青葉区本町1-14-30-1F

Tel. 022-716-5335

영업시간: 11시~19시(화·수요일 휴무)

36 서점 & 카페 마젤란 書本&cafe magellan

카페를 이용하면 책을 살 때 50엔을 할인해 준다.

센다이시 아오바구 가스가마치 7-34

仙台市青葉区春日町 7-34

Tel. 022-224-7560

영업시간: 10시~20시(토·일요일은 19시까지, 화요일 휴무)

37 도호쿠 대학 공학부 생협 북 카페 東北大学生協 book+café BOOOK

대학교 생협 안에 있는 서점으로 로봇이나 공학 관련 도서가 많다.

센다이시 아오바구 아라마키 아자아오바 6-6

仙台市青葉区荒巻字青葉 6-6

Tel. 022-261-6856

영업시간: 8시 30분~21시(토·일·공휴일 11시~19시)

38 칼로 북 카페 Calo Bookshop & Café

해외 도서와 미니커뮤니케이션 등의 예술서가 주류다.

오사카시 니시구 에도보리 1-8-24 와카사 빌딩 5층

大阪市西区江戸堀 1-8-24 若狭ビル 5階

Tel. 06-6447-4777

영업시간: 12시~20시(토요일은 18시까지, 일·월요일 휴무)

39 이토헨 iTohen

예술, 사진, 건축, 디자인 도서를 전문으로 한다.

오사카시 기타구 혼조니시 2-14-18 후지 빌딩 1층

大阪市北区本庄西2-14-18 富士ビル1F

Tel. 06-6292-2812

영업시간: 12시~19시(전시회 최종일은 18시까지, 월·화요일 휴무)

40 스하라야 코르소 지점 須原屋 コルソ店

실용서, 특히 주부에게 도움이 되는 책이 풍부하다.

사이타마시 우라와구 다카사와 1-12-1 CORSO 4층

さいたま市浦和区高砂1-12-1 CORSO 4F

Tel. 048-824-5321

영업시간: 10시~20시

41 마스다 쇼텐 미나미구치 지점 増田書店 南口店

구니다치에 기타구치 지점도 있다.

도쿄도 구니다치시 나카1-9-1

東京都国立市中1-9-1

Tel. 042-572-0262

영업시간: 9시~20시(일요일, 공휴일 10시부터 개점)

42 메이쇼도 아토레 우에노 지점 明正堂 アトレ上野店

우에노 역 안에 있는 서점이다. 책을 좋아하는 직원이 독자적으로 홍보 문구를 만들어 붙이는 것이 특징이다.

도쿄도 다이토구 우에노7-1-1 아토레 우에노 No.5080

東京都台東区上野7-1-1アトレ上野No.5080

Tel. 03-5826-5866

영업시간: 8시~22시 30분(일요일, 공휴일 9시부터 개점)

43 산세이도 쇼텐 세이조 지점 三省堂書店 成城店

예전의 점장이 『POP의 왕의 책!』이라는 저서를 출간했다.

도쿄도 세타가야구 세이조 6-5-34 세이조 코르티 2층

東京都世田谷区成城6-5-34 成城コルティ2F

Tel. 03-5429-2401

영업시간: 10시~21시

44 게이분샤 이치조지 지점 惠文社 一乗寺店

최고의 '문맥이 있는 매대'를 갖춘 서점으로 전국에서 고객
이 찾아온다.

교토시 사쿄구 이치조지 하라이토노초 10

京都市左京区一乗寺払殿町10

Tel. 075-711-5919

영업시간: 10시~21시

45 산가츠 쇼보 三月書房

사상서와 사회 평론이 잘 구비되어 있는 교토의 역사 깊은 서
점이다.

교토시 나카교구 데라마치도리 니조아가루 서쪽

京都市中京区寺町通二条上ル西側

Tel. 075-231-1924

영업시간: 12~18시(월·화요일 휴무)

46 북스 큐브릭 게야키도리 지점 Books Kubrick けやき通り店

좋은 잡지 시리즈와 그림책 등을 다수 보유하고 있다.

후쿠오카시 주오구 아카사카 2초메 1-12

福岡市中央区赤坂2丁目1-12

Tel. 092-711-1180

영업시간: 11시~20시(월요일 휴무)

47 이하라 하트숍 イハラ ハートショップ

산골 서점으로 아동 그림책이 많고 여러 워크숍도 진행한다.

와카야마현 히다카군 히다카가와초 우부유가와 213-299

和歌山県日高郡日高川町初湯川213-299

Tel. 0738-57-0086

영업시간: 11시~18시(토·일요일 10시~17시, 수요일 휴무)

48 온선데이즈 on Sundays

와타리움 미술관에서 만든 서점으로 예술과 사진, 건축 관련
도서를 취급한다.

도쿄도 시부야구 진구마에 3-7-6

東京都渋谷区神宮前3-7-6

Tel. 03-3470-1424

영업시간: 11시~20시

49 고샤도 쇼보 五車堂書房

국회의사당 안에 있는 서점.

도쿄도 지요다구 나가다초 1-7-1

東京都千代田区永田町1-7-1.

Tel. 03-3581-3780

영업시간: 9시~18시 (토·일요일, 공휴일 휴무)

50 스미다 쇼보 墨田書房
쓰키지 시장 경내에 있으며 생선 초밥이나 어류 관련 서적이
많다.
도쿄도 주오구 쓰키지 5-2-1
Tel. 03-3542-2827
영업시간: 6시~13시 (일요일, 공휴일 휴무)

51 오요요 서림 신다테마치 지점 オヨヨ書林 新竪町店
센다기와 가나자와에서 동네 서점을 열기 전에는 인터넷 서
점이었다.
이시가와현 가나자와시 신다테마치 3-21
石川県金沢市新竪町 3-21
Tel. 076-261-8339
영업시간: 11시~19시 (수요일 휴무)

52 나루세 쇼텐 成瀬書店
작은 섬마을 서점.
도쿄도 오시마초 모토마치 3-1-5
東京都大島町元町3-1-5
Tel. 04992-2-1178
영업시간: 10시~19시 (월요일 휴무)

53 하쿠넨 百年

전시와 이벤트도 열고 있다.

도쿄도 무사시노시 기치조지 모토마치 2-2-10 무라타 빌딩 2층

東京都武蔵野市吉祥寺本町2-2-10 村田ビル2F

Tel. 0422-27-6885

영업시간: 12~21시 30분(화요일 휴무)

54 이노오 쇼텐 伊野尾書店

2008년 '서점 프로레슬링' 이벤트를 개최한 전설적인 곳이다.

도쿄도 신주쿠구 가미오치아이 2-20-6

東京都新宿区上落合 2-20-6

Tel. 03-3361-6262

영업시간: 10시~21시(일요일 휴무)

나는 매일 서점에 간다

1판 1쇄 펴냄   2019년 3월 20일

지은이   시마 고이치로
옮긴이   김정미

출판등록   제2009-00281호(2004.11.15.)
주소   03691 서울특별시 서대문구 응암로 54, 3층
전화   영업 02-2266-2501   편집 02-2266-2502
팩스   02-2266-2504
이메일   kyrabooks823@gmail.com
ISBN   979-11-5510-069-1 03320

키라북스는 (주)도서출판다빈치의 자기계발 실용도서 브랜드입니다.